U0101469

廉頗藺相如列傳第二十一　史記八十一

廉頗者趙之良將也趙惠文王十六年廉頗為趙將伐齊大破之取晉陽索隱曰陽晉衛地後屬齊今趙取之司馬彪郡國志曰今衛國陽晉城是也有本作晉陽非也晉陽在太原雖亦趙地非齊所取也○正義曰故城在曹州乘氏縣西北四十七里也拜為上卿以勇氣聞於諸侯藺相如者趙人也為趙宦者令繆賢舍人趙惠文王時得楚和氏璧秦昭王聞之使人遺趙王書願以十五城請易璧趙王與大將軍廉頗諸大臣謀欲予秦秦城恐不可得徒見欺欲勿予即患秦兵之來計未定求人可使報秦者未得宦者令繆賢

曰臣舍人藺相如可使王問何以知之對曰臣嘗有罪竊計欲亡走燕臣舍人相如止臣曰君何以知燕王臣語曰臣嘗從大王與燕王會境上燕王私握臣手曰願結友以此知之故欲往相如謂臣曰夫趙彊而燕弱而君幸於趙王故燕王欲結於君今君乃亡趙走燕燕畏趙其勢必不敢留君而束君歸趙矣君不如肉袒伏斧質請罪則幸得脫矣臣從其計大王亦幸赦臣臣竊以為其人勇士有智謀宜可使於是王召見問藺相如曰秦王以十五城請易寡人之璧

可予不相如曰秦彊而趙弱不可不許王曰取吾璧不予我城奈何相如曰秦以城求璧而趙不許曲在趙趙予璧而秦不予趙城曲在秦均之二策寧許以負秦曲王曰誰可使者相如曰王必無人臣願奉璧往使城入趙而璧留秦城不入臣請完璧歸趙趙王於是遂遣相如奉璧西入秦秦王坐章臺見相如相如奉璧奏秦王秦王大喜傳以示美人及左右左右皆呼萬歲相如視秦王無意償趙城乃前曰璧有瑕請指示王王授璧相如因持璧却立倚柱怒髮上衝冠謂秦王曰大王欲得璧使人發書至趙王趙王悉召羣臣議皆曰秦貪負其彊以空言求璧償城恐不可得議不欲予秦璧臣以為布衣之交尚不相欺況大國乎且以一璧之故逆彊秦之驩不可於是趙王乃齋戒五日使臣奉璧拜送書於庭何者嚴大國之威以脩敬也今臣至大王見臣列觀禮節甚倨得璧傳之美人以戲弄臣臣觀大王無意償趙王城邑故臣復取璧大王必欲急臣臣頭今與璧俱碎於柱矣相如持其璧睨柱欲以擊柱秦王恐其破璧乃辭謝

固請召有司案圖指從此以往十五都予趙相如度秦王特以詐佯爲予趙城實不可得乃謂秦王曰和氏璧天下所共傳寶也趙王恐不敢不獻趙王送璧時齋戒五日今大王亦宜齋戒五日設九賓於廷[韋昭曰九賓則周禮九儀○索隱曰周禮大行人別九賓謂九服之賓客也列士傳云設九牢也○正義曰劉伯莊云九賓者周王備之禮天子臨軒九服同會秦趙何得九賓但亦陳設車輅文物耳]臣乃敢上璧秦王度之終不可彊奪遂許齋五日舍相如廣成傳舍[索隱曰廣成是傳舍之名傳音張戀反]相如度秦王雖齋決負約不償城乃使其從者衣褐懷其璧從徑道亡歸璧于趙秦王齋五日後乃

設九賓禮於廷引趙使者藺相如相如至謂秦王曰秦自繆公以來二十餘君未嘗有堅明約束者也臣誠恐見欺於王而負趙故令人持璧歸間至趙矣且秦彊而趙弱大王遣一介之使至趙趙立奉璧來今以秦之彊而先割十五都予趙趙豈敢留璧而得罪於大王乎臣知欺大王之罪當誅臣請就湯鑊唯大王與羣臣孰計議之秦王與羣臣相視而嘻[索隱曰音希嘻苦乃驚而怒之辭也]左右或欲引相如去秦王因曰今殺相如終不能得璧也而絶秦趙之驩不如因而厚遇之使歸

趙趙王豈以一璧之故欺秦邪卒廷見相如畢禮而歸之相如既歸趙王以爲賢大夫使不辱於諸侯拜相如爲上大夫秦亦不以城予趙趙亦終不予秦璧其後秦伐趙拔石城（徐廣曰惠文王十八年○索隱曰劉氏云蓋謂石邑也○正義曰故石城在相州林慮縣南九十里也）明年復攻趙殺二萬人秦王使使者告趙王欲與王爲好會於西河外澠池（索隱曰在西河之南故云外按表在趙惠文王二十年）趙王畏秦欲毋行廉頗藺相如計曰王不行示趙弱且怯也趙王遂行相如從廉頗送至境與王訣曰王行度道里會遇之禮畢還不過三十日三十日

不還則請立太子爲王以絕秦望王許之遂與秦王會澠池（徐廣曰二十年）秦王飲酒酣曰寡人竊聞趙王好音請奏瑟趙王鼓瑟秦御史前書曰某年月日秦王與趙王會飲令趙王鼓瑟藺相如前曰趙王竊聞秦王善爲秦聲請奉盆缻秦王以相娛樂（風俗通義曰缶者瓦器所以盛酒漿秦人鼓之以節歌也○索隱曰缻音缶○正義曰缻音缾）秦王怒不許於是相如前進缻因跪請秦王秦王不肯擊缻相如曰五步之內相如請得以頸血濺大王矣（正義曰濺音贊）左右欲刃相如相如張目叱之左右皆靡於是秦王不懌爲一擊缻相如顧

召趙御史書曰某年月日秦王爲趙王擊缻秦之羣臣曰請以趙十五城爲秦王壽藺相如亦曰請以秦之咸陽爲趙王壽秦王竟酒終不能加勝於趙趙亦盛設兵以待秦秦不敢動既罷歸國以相如功大拜爲上卿位在廉頗之右索隱曰王劭按董勛荅礼曰職高者名録在上於人爲右職卑者名録在下於人爲左是以謂下遷爲左○正義曰秦漢以前用右爲上廉頗曰我爲趙將有攻城野戰之大功而藺相如徒以口舌爲勞而位居我上且相如素賤人吾羞不忍爲之下宣言曰我見相如必辱之相如聞不肯與會相如每朝時常稱病不欲

與廉頗爭列已而相如出望見廉頗相如引車避匿於是舍人相與諫曰臣所以去親戚而事君者徒慕君之高義也今君與廉頗同列廉君宣惡言而君畏匿之恐懼殊甚且庸人尚羞之況於將相乎臣等不肖請辭去藺相如固止之曰公之視廉將軍孰與秦王曰不若也相如曰夫以秦王之威而相如廷叱之辱其羣臣相如雖駑獨畏廉將軍哉顧吾念之彊秦之所以不敢加兵於趙者徒以吾兩人在也今兩虎共鬬其勢不俱生吾所以爲此者以先國家之急而

後私讎也廉頗聞之肉袒負荊索隱曰肉袒者謂袒衣而露肉也負荊者荊楚也可以爲鞭也因賓客至藺相如門謝罪曰鄙賤之人不知將軍寬之至此也卒相與驩爲刎頸之交索隱曰崔浩云要齊生死而刎頸無悔也是歲廉頗東攻齊破其一軍居二年廉頗復伐齊幾拔之徐廣曰幾邑名也案趙世家惠文王二十三年頗將攻魏之幾邑取之而齊世家及年表無伐齊幾拔之事疑幾是邑名而或屬齊或屬魏耳田單在齊不得云至於拔也○索隱曰世家與此列傳合而戰国策云秦敗閼與反攻魏幾幾是幾亦屬魏故裴駰云或屬齊屬魏也○正義曰幾音祈在相潞之間後三年廉頗攻魏之防陵徐廣曰一作房子○索隱曰按防陵在楚之西屬漢中郡魏有房子蓋陵字誤也○正義曰城在相州安陽縣南二十里因防水爲名安陽拔之後四年藺相如將而攻齊至平邑而罷正義曰故城在魏州昌樂縣東北二十里其明年趙奢破秦軍閼與下

趙奢者趙之田部吏也收租稅而平原君家不肯出趙奢以法治之殺平原君用事者九人平原君怒將殺奢奢因說曰君於趙爲貴公子今縱君家而不奉公則法削法削則國弱國弱則諸侯加兵諸侯加兵是無趙也君安得有此富乎以君之貴奉公如法則上下平上下平則國彊國彊則趙固而君爲貴戚豈輕於天下邪平原君以爲賢言之於王王用之治國國賦太平民富而府庫實秦伐韓軍於閼與王召廉頗

而問曰可救不對曰道遠險狹難救又召樂乘
而問焉樂乘對如廉頗言又召問趙奢奢對曰
其道遠險狹譬之猶兩鼠鬬於穴中將勇者勝
王乃令趙奢將救之兵去邯鄲三十里而令軍
中曰有以軍事諫者死秦軍軍武安西（徐廣曰屬魏郡在邯
鄲西）秦軍鼓譟勒兵武安屋瓦盡振軍中候有一
人言急救武安趙奢立斬之堅壁留二十八日
不行復益增壘秦間來入趙奢善食而遣之間
以報秦將秦將大喜曰夫去國三十里（正義曰國謂邯鄲趙
都也）而軍不行乃增壘閼與非趙地也趙奢既已

遣秦間乃卷甲而趨之二日一夜至令善射者
去閼與五十里而軍軍壘成秦人聞之悉甲而
至軍士許歷請以軍事諫趙奢曰內之許歷曰
秦人不意趙師至此其來氣盛將軍必厚集其
陣以待之不然必敗趙奢曰請受令許歷曰請
就鈇質之誅趙奢曰胥後令（索隱曰按胥須古人通用今者胥後令謂胥爲
須須者待也待後令謂許歷之言更不擬誅之故更待後令也○正義曰胥猶須也軍去邯鄲三十里而不行未有計過
險陝恐人諫令急救武安乃出此令今垂戰須得謀策不用前令故云須後令也）邯鄲許歷復
請諫（索隱曰邯鄲二字當爲欲戰謂臨戰之時許歷復諫也王粲詩云許歷爲完士一言猶敗秦是言趙奢用
其計遂破秦軍也江遂曰漢令稱完而不髡曰耐是完士未免從軍也）曰先據北山上者

勝正義曰閼與山在洛州武安縣西南五十里趙奢距秦軍於閼與即此山也按括地志云言拒秦軍在此山疑其太近洛州既去邯鄲三十里而軍又云趍之二日一夜至閼與五十里而軍壘成據今洛州去潞州三百里間而隔相州恐潞州閼與聚城是所拒據處後至者敗趙奢許諾即發萬人趨之秦兵後至爭山不得上趙奢縱兵擊之大破秦軍秦軍解而走遂解閼與之圍而歸趙惠文王賜奢號爲馬服君以許歷爲國尉趙奢於是與廉頗藺相如同位後四年趙惠文王卒子孝成王立七年秦與趙兵相距長平時趙奢已死張華曰趙奢冢在邯鄲界西山上謂之馬服山而藺相如病篤趙使廉頗將攻秦秦數敗趙軍趙軍固壁不戰秦數挑

戰廉頗不肯趙王信秦之間秦之間言曰秦之所惡獨畏馬服君趙奢之子趙括爲將耳趙王因以括爲將代廉頗藺相如曰王以名使括若膠柱而鼓瑟耳括徒能讀其父書傳不知合變也趙王不聽遂將之趙括自少時學兵法言兵事以天下莫能當嘗與其父奢言兵事奢不能難然不謂善括母問奢其故奢曰兵死地也而括易言之使趙不將括即已若必將之破趙軍者必括也及括將行其母上書言於王曰括不可使將王曰何以對曰始妾事其父時爲將身

所奉飯飲而進食者以十數〔正義曰奉音捧〕所友者以百數大王及宗室所賞賜者盡以予軍吏士大夫受命之日不問家事今括一旦爲將東向而朝軍吏無敢仰視之者王所賜金帛歸藏於家而日視便利田宅可買者買之王以爲何如其父父子異心願王勿遣王曰母置之吾已決矣括母因曰王終遣之即有如不稱妾得無隨坐乎王許諸趙括既代廉頗悉更約束易置軍吏秦將白起聞之縱奇兵佯敗走而絕其糧道分斷其軍爲二士卒離心四十餘日軍餓趙括出

銳卒自搏戰秦軍射殺趙括括軍敗數十萬之衆遂降秦秦悉阬之趙前後所亡凡四十五萬明年秦兵遂圍邯鄲歲餘幾不得脫賴楚魏諸侯來救乃得解邯鄲之圍趙王亦以括母先言竟不誅也自邯鄲圍解五年而燕用栗腹之謀曰趙壯者盡於長平其孤未壯舉兵擊趙趙使廉頗將擊大破燕軍於鄗殺栗腹遂圍燕燕割五城請和乃聽之趙以尉文〔徐廣曰邑名也〕封廉頗爲信平君〔索隱曰信平号也徐廣云尉文邑名按漢書表有尉文節侯云在南郡蓋尉官也文名也謂取尉文所食之邑復以封頗而号爲信平君也〕爲假相國廉頗之免長平歸也

失勢之時故客盡去及復用爲將客又復至廉頗曰客退矣客曰吁君何見之晚也夫天下以市道交君有勢我則從君君無勢則去此固其理也有何怨乎居六年趙使廉頗伐魏之繁陽徐廣曰屬魏郡○正義曰在相州內黃縣東北也拔之趙孝成王卒子悼襄王立使樂乘代廉頗廉頗怒攻樂乘樂乘走廉頗遂奔魏之大梁其明年趙乃以李牧爲將而攻燕拔武遂方城索隱曰地理志武遂屬河間國方城屬廣陽也○正義曰武遂易州遂城也方城幽州固安縣南十里廉頗居梁久之魏不能信用趙以數困於秦兵趙王思復得廉頗廉頗亦思復用

於趙趙王使使者視廉頗尚可用否廉頗之仇郭開多與使者金令毀之趙使者既見廉頗廉頗爲之一飯斗米肉十斤被甲上馬以示尚可用趙使還報王曰廉將軍雖老尚善飯然與臣坐頃之三遺矢矣索隱曰謂數起便也矢一作屎趙王以爲老遂不召楚聞廉頗在魏陰使人迎之廉頗一爲楚將無功曰我思用趙人廉頗卒死于壽春正義曰廉頗墓在壽州壽春縣北四里藺相如墓在邯鄲西南六里

李牧者趙之北邊良將也常居代鴈門備匈奴正義曰今鴈門縣在代地故云鴈門也以便宜置吏市租皆輸入莫府

如淳曰將軍征行無常處所在爲治故言莫府莫大也○索隱曰如淳解莫爲大非也崔浩云古者出征爲將帥軍還則
罷理無常處以幕帟爲府署故曰莫府則莫當作幕字之誤也爲士卒費日擊數牛
饗士習射騎謹烽火多間諜索隱曰上紀莧反下音牒厚遇
戰士爲約曰匈奴即入盜急入收保有敢捕虜
者斬匈奴每入烽火謹輒入收保不敢戰如是
數歲亦不亡失然匈奴以李牧爲怯雖趙邊兵
亦以爲吾將怯趙王讓李牧李牧如故趙王怒
召之使他人代將歲餘匈奴每來出戰出戰數
不利失亡多邊不得田畜正義曰許又反復請李牧牧
杜門不出固稱疾趙王乃復彊起使將兵牧曰

王必用臣臣如前乃敢奉令王許之李牧至如
故約匈奴數歲無所得終以爲怯邊士日得賞
賜而不用皆願一戰於是乃具選車得千三百
乘選騎得萬三千匹百金之士五萬人管子曰能破敵擒將
者賞百金彀者十萬人索隱曰彀音古候反彀謂能射也悉勒習戰大
縱畜牧人民滿野匈奴小入佯北不勝以數千
人委之索隱曰委謂弃之恣其殺略也單于聞之大率衆來入李
牧多爲奇陳張左右翼擊之大破殺匈奴十餘
萬騎滅襜襤襜都甘反襤路談反徐廣曰一作臨駰又案如淳曰胡名也在代地破東胡降
林胡單于奔走其後十餘歲匈奴不敢近趙邊

城趙悼襄王元年廉頗既亡入魏趙使李牧攻燕拔武遂方城居二年龐煖破燕軍殺劇辛 索隱曰煖即馮煖也龐音皮江反煖音況遠反又音喧劇辛本趙人仕燕者 後七年秦破趙殺將扈輒於武遂城 索隱曰扈氏輒名漢張耳時別有扈輒也劉氏云武遂本韓地在趙西恐非地理志河間武遂也 斬首十萬趙乃以李牧為大將軍擊秦軍於宜安 ○正義曰在相州槀城縣西南二十里 大破秦軍走秦將桓齮 索隱曰齮音蟻 封李牧為武安君居三年秦攻番吾 索隱曰縣名地理志在常山音婆又音盤○正義曰在相州房山縣東二十里也 李牧擊破秦軍南距韓魏趙王遷七年秦使王翦攻趙趙使李牧司馬尚禦之秦多與趙王寵臣郭開金為反間言李牧司馬尚欲反趙王乃使趙葱及齊將顏聚代李牧李牧不受命趙使人微捕得李牧斬之廢司馬尚後三月王翦因急擊趙大破殺趙葱虜趙王遷及其將顏聚遂滅趙

太史公曰知死必勇非死者難也處死者難方藺相如引璧睨柱及叱秦王左右勢不過誅然士或怯懦 徐廣曰一作掘懦 而不敢發相如一奮其氣威信敵國 索隱曰信音申 退而讓頗名重太山其處智勇可謂兼之矣

索隱述贊曰

淸飈凛凛　壯氣熊熊　各竭誠義
遞爲雌雄　和璧聘返　澠池好通
負荆知懼　屈節推工　安邊定策
頗牧之功

廉頗藺相如列傳第二十一　史記八十一

田單列傳第二十二　　史記八十二

田單者齊諸田疏屬也索隱曰單音丹湣王時單爲臨菑市掾不見知及燕使樂毅伐破齊齊湣王出奔已而保莒城燕師長驅平齊而田單走安平徐廣曰今之東安平也在青州臨菑縣東十九里古紀之酅邑齊改爲安平秦滅齊改爲東安平縣屬齊郡以定州有安平故加東字○索隱曰地理志東安平屬淄川國令其宗人盡斷其車軸末而傳鐵籠徐廣曰傳音附○索隱曰斷音都緩反斷其軸恐長相撥也以鐵裹軸頭堅而易進也傳者截其軸與轂齊以鐵鍱附軸末施轄於鐵中以制轂也又方言曰車轄齊謂之籠郭璞云車軸也已而燕軍攻安平城壞齊人走爭塗以轊折車敗徐廣曰轊車軸頭也音衛爲燕所虜唯田單宗人以鐵籠故得脱

東保即墨燕既盡降齊城唯獨莒即墨不下燕軍聞齊王在莒并兵攻之淖齒徐廣曰多作悼齒也既殺湣王於莒因堅守距燕軍數年不下燕引兵東圍即墨即墨大夫出與戰敗死城中相與推田單曰安平之戰田單宗人以鐵籠得全習兵立以爲將軍以即墨距燕頃之燕昭王卒惠王立與樂毅有隙田單聞之乃縱反間於燕宣言曰齊王已死城之不拔者二耳樂毅畏誅而不敢歸以伐齊爲名實欲連兵南面而王齊齊人未附故且緩攻即墨以待其事齊人所懼唯恐他

將之來即墨殘矣燕王以爲然使騎劫代樂毅樂毅因歸趙燕人士卒忿而田單乃令城中人食必祭其先祖於庭飛鳥悉翔舞城中下食燕人怪之田單因宣言曰神來下教我乃令城中人曰當有神人爲我師有一卒曰臣可以爲師乎因反走田單乃起引還東鄉坐師事之卒曰臣欺君誠無能也田單曰子勿言也因師之每出約束必稱神師乃宣言曰吾唯懼燕軍之劓所得齊卒置之前行（正義曰故郎反）與我戰即墨敗矣燕人聞之如其言城中人見齊諸降者盡劓

皆怒堅守唯恐見得單又縱反閒曰吾懼燕人掘吾城外冢墓僇先人可爲寒心燕軍盡掘壟墓燒死人即墨人從城上望見皆涕泣其欲出戰怒自十倍田單知士卒之可用乃身操版插（索隱曰操音七高反插音初洽反○正義曰古之軍行常負板插也）與士卒分功妻妾編於行伍之閒盡散飲食饗士令甲卒皆伏使老弱女子乘城遣使約降於燕燕軍皆呼萬歲田單又收民金得千溢令即墨富豪遺燕將曰即墨即降願無虜掠吾族家妻妾令安堵燕將大喜許之燕軍由此益懈田單乃收城中得千餘

牛爲絳繒衣畫以五彩龍文束兵刃於其角而灌脂束葦於尾燒其端鑿城數十穴夜縱牛壯士五千人隨其後牛尾熱怒而奔燕軍燕軍夜大驚牛尾炬火光明炫燿燕軍視之皆龍文所觸盡死傷五千人因銜枚擊之而城中鼓譟從之老弱皆擊銅器爲聲聲動天地燕軍大駭敗走齊人遂夷殺其將騎劫燕軍擾亂奔走齊人追亡逐北所過城邑皆畔燕而歸田單兵日益多乘勝燕日敗亡卒至河上索隱曰齊之北界近河東蓋齊舊地也而齊七十餘城皆復爲齊乃迎襄王於莒入臨菑

而聽政襄王封田單號曰安平君索隱曰單初起安平故以爲號

太史公曰兵以正合以奇勝魏武帝曰先出合戰爲正後出爲奇也正者當敵奇兵擊不備○索隱曰奇謂權詐也注引魏武蓋亦軍令也善之者出奇無窮索隱曰兵不厭詐故云善之出奇無窮謂權變多也奇正還相生正義曰當猶合也言正兵當陣張左右翼掩其不備則奇正合敗敵地如環之無端索隱曰言用兵之術或用奇計使前敵不可測量如尋環中不知端際也夫始如處女適人開戶徐廣曰適音敵○索隱曰言兵始如處女之軟弱則敵人輕侮開戶不爲備○正義曰敵人謂燕軍也言燕軍被田單反閒易將及被卒燒壟墓而令齊卒甚怒是敵人爲單開門戶也後如脫兔適不及距魏武帝曰如女示弱脫兔往疾也○索隱曰克捷之後卷甲而趨有如兔之得脫而疾走也敵不及距者若脫兔忽過而敵忘其所距也其田單之謂邪初悼齒之殺湣王也莒人求湣王子法章

得之太史嬓之家[正義嬓音皎]爲人灌園嬓女憐而善遇之後法章私以情告女女遂與通及莒人共立法章爲齊王以莒距燕而太史氏女遂爲后所謂君王后也燕之初入齊聞畫邑人[劉熙曰齊西南近邑畫音獲○索隱曰音胡卦反○正義曰括地志云戟里城在臨淄西北三十里春秋時棘邑又云澅邑蠋所居即此邑因澅水爲名也]王蠋賢[索隱曰蠋音觸亦音歜]令軍中曰環畫邑三十里無入以王蠋之故已而使人謂蠋曰齊人多高子之義吾以子爲將封子萬家蠋固謝燕人曰子不聽吾引三軍而屠畫邑王蠋曰忠臣不事二君貞女不更二夫齊王不聽吾諫故退而耕於野國既破亡吾不能存今又劫之以兵爲君將是助桀爲暴也與其生而無義固不如烹遂經其頸於樹枝自奮絕脰而死[索隱曰經猶繫也何休云脰頸也齊語也音豆]齊亡大夫聞之曰王蠋布衣也義不北面於燕況在位食祿者乎乃相聚如莒求諸子立爲襄王

索隱述贊曰

軍法以正　實尚奇兵　斷軸自免
反間先行　羣鳥或衆　五牛揚旋
卒破騎劫　皆復齊城　襄王嗣位

乃封安平

田單列傳第二十二　史記八十二

魯仲連鄒陽列傳第二十三　史記八十三

索隱曰魯連屈原當六國之時賈誼鄒陽在文景之日事迹雖復相類年代甚爲乖絕其鄒陽不可上同魯連賈生亦不可下同屈平宜抽魯連同田單爲傳其屈原與宋玉等爲一傳其鄒陽與枚乘賈生等同傳

魯仲連者齊人也好奇偉俶儻之畫策索隱曰賈雅云俶儻卓異也○正義曰俶天曆反魯連子云齊辯士田巴服狙丘議稷下毀五帝罪三王服五伯離堅白合同異一日服千人有徐劫者其弟子曰魯仲連年十二號千里駒往請田巴曰臣聞堂上不奮郊草不芸白刃交前不救流矢急不暇緩也今楚軍南陽趙伐高唐燕人十萬聊城不去國亡在旦夕先生奈之何若不能者先生之言有似梟鳴出城而人惡之願先生勿復言田巴曰謹聞命矣巴謂徐劫曰先生乃飛兔也豈直千里駒巴終身不談而不肯仕官任職好持高節游於趙趙孝成王時而秦王使白起破趙長平之軍前後四十餘萬秦兵遂東圍邯鄲趙王恐諸侯之救兵莫敢擊秦軍魏安釐王使將軍晉鄙救趙畏秦止於蕩陰不進地理志河內有蕩陰縣○正義曰蕩天郎反相州縣魏王使客將軍新垣衍閒入邯鄲索隱曰新垣姓衍名也爲梁將故漢有新垣平因平原君謂趙王曰秦所爲急圍趙者前與齊湣王爭彊爲帝已而復歸帝今齊湣王已益弱方今唯秦雄天下此非必貪邯鄲其意欲復求爲帝趙誠發使尊秦昭王爲帝秦必喜罷兵去平原君猶預未有所決此時魯仲連適游趙會秦圍趙聞魏將欲令

趙尊秦爲帝乃見平原君曰事將奈何平原君曰勝也何敢言事前亡四十萬之衆於外今又內圍邯鄲而不能去魏王使客將軍新垣衍令趙帝秦索隱曰新垣衍欲令趙尊秦爲帝今其人在是勝也何敢言事魯仲連曰吾始以君爲天下之賢公子也吾乃今然後知君非天下之賢公子也梁客新垣衍安在吾請爲君責而歸之平原君曰勝請爲紹介郭璞曰紹介相佑助者○索隱曰紹介猶媒介也且禮賓至必因介以傳辭紹者繼也介不一人故禮云介紹而傳命而見之於先生平原君遂見新垣衍曰東國有魯仲連先生者今其人在此勝請爲紹

介交之於將軍新垣衍曰吾聞魯仲連先生齊國之高士也衍人臣也使事有職吾不願見魯仲連先生平原君曰勝既已泄之矣新垣衍許諾魯連見新垣衍而無言新垣衍曰吾視居此圍城之中者皆有求於平原君者也今吾觀先生之玉貌非有求於平原君者也曷爲久居此圍城之中而不去魯仲連曰世以鮑焦爲無從頌而死者皆非也鮑焦周之介士也見莊子○索隱曰從頌音從容言世人見鮑焦之死皆以爲不能自寬容而取死此言非也○正義曰韓詩外傳云姓鮑名焦周時隱者也飾行非世廉絜而守荷擔採樵拾橡充食故無子胤不臣天子不友諸侯子貢遇之謂之曰吾聞非其政者不履其土汙其君者不受其利今子履其地食其

利其可乎鮑焦曰吾聞廉士重進而輕退賢人易愧而輕死遂抱木立枯焉按魯仲連留趙不去者非爲一身衆人不知則爲一身索隱曰言衆人不識鮑焦之意焦以恥居濁世而避之非是自爲一身而憂死彼秦者弃禮義而上首功之國也譙周曰秦用衛鞅計制爵二十等以戰獲首級者計而受爵是以秦人每戰勝老弱婦人皆死計功賞至万數天下謂之上首功之國皆以惡之也○索隱曰秦法斬首多爲上功謂斬一人首賜爵一級故謂秦爲首功之國也權使其士虜使其民索隱曰言秦人以權詐使其戰士以奴虜使其人民言无恩以恤下彼即肆然而爲帝過正義曰至過遇字爲絶句肆然其志意也言秦得肆志爲帝恐有烹醢納莞偏行天子之禮過失也而爲政於天下索隱曰謂以過惡而爲政也○正義曰若趙魏帝秦得行政教於天下魯連蹈東海而溺死不忍爲秦百姓則連有蹈東海而死耳吾不忍爲之民也所爲見將軍者欲以助趙也新垣衍曰

先生助之將奈何魯連曰吾將使梁及燕助之齊楚則固助之矣新垣衍曰燕則吾請以從矣若乃梁者則吾乃梁人也先生惡能使梁助之魯連曰梁未睹秦稱帝之害故耳使梁睹秦稱帝之害則必助趙矣新垣衍曰秦稱帝之害何如魯連曰昔者齊威王嘗爲仁義矣率天下諸侯而朝周周貧且微諸侯莫朝而齊獨朝之居歲餘周烈王崩徐廣曰烈王七年崩威王之十年○正義曰周本紀及年表云烈王七年崩齊威之十年也與徐不同齊後往周怒赴於齊正義曰鄭玄云赴告也今文赴作訃曰天崩地坼天子下席索隱曰謂烈王太子安王驕也下席言其寢苫居廬也

東藩之臣因齊後至則斮（公羊傳曰欺三軍者其法斮何休曰斮斬也）威王勃然怒曰叱嗟而母婢也（正義曰罵烈王后也）卒為天下笑故生則朝周死則叱之誠不忍其求也彼天子固然其無足怪新垣衍曰先生獨不見夫僕乎十人而從一人者寧力不勝而智不若邪畏之也（索隱曰言僕夫十人而從一人者寧是力不勝亦非智不如正是畏懼其主耳）魯仲連曰嗚呼梁之比於秦若僕邪新垣衍曰然魯仲連曰吾將使秦王亨醢梁王新垣衍怏然不悅曰（正義曰怏於尚反）噫嘻（索隱曰上音依噫者不平之聲下音希嘻者驚恨之歎也）亦太甚矣先生之言也先生又惡能使秦王亨醢梁王

魯仲連曰固也吾將言之昔者九侯鄂侯（徐廣曰鄴縣有九侯城九一作鬼鄂一作邢○正義曰九侯城在相州滏陽縣西南五十里）文王紂之三公也九侯有子而好獻之於紂紂以為惡醢九侯鄂侯爭之彊辯之疾故脯鄂侯文王聞之喟然而歎故拘之牖里之庫百日（正義曰相州湯陰縣北九里有羑城）欲令之死曷為與人俱稱王卒就脯醢之地齊湣王將之魯夷維子為執策而從（索隱曰維東萊之邑其居夷也號夷維子故晏子為萊之夷維人是也○正義曰密州高密縣古夷安城應劭云故萊夷維邑也蓋因邑為姓子者男子之美號又云子爵也）謂魯人曰子將何以待吾君魯人曰吾將以十太牢待子之君夷維子曰子安取禮而

來吾君彼吾君者天子也天子巡狩諸侯辟舍
(索隱曰辟舍避正寢案禮天子適諸侯必舍於祖廟)納筦籥(索隱曰音管籥)攝衽抱机
(索隱曰机音紀○正義曰衽音而甚反)視膳於堂下天子已食乃退而
聽朝也魯人投其籥不果納(索隱曰謂閉外門不入齊君○正義曰籥即鑰)
(匙也投鑰匙於地)不得入於魯將之薛(正義曰薛侯故城在徐州滕縣界也)假
途於鄒當是時鄒君死湣王欲入弔夷維子謂
鄒之孤曰天子弔主人必將倍殯柩設北面於
南方然後天子南面弔也(索隱曰倍音偝謂主人不在殯東將偝其殯柩立西)
(階上北面哭是倍也天子乃於阼階上南面而弔之也)鄒之羣臣曰必若此吾
將伏劍而死固不敢入於鄒鄒魯之臣生則不

得事養死則不得賻襚(正義曰衣服曰襚貨財曰賻皆助生送死之禮)然
且欲行天子之禮於鄒魯鄒魯之臣不果納(索隱)
(曰謂時君弱臣彊故鄒魯君生時臣並不得盡事養死亦不得行賻襚之禮然齊欲行天子禮於鄒魯鄒魯之臣皆不果)
(納之是猶秉禮而存大體也)今秦萬乘之國也梁亦萬乘之國
也俱據萬乘之國各有稱王之名睹其一戰而
勝欲從而帝之是使三晉之大臣不如鄒魯之
僕妾也且秦無已而帝則且變易諸侯之大臣
彼將奪其所不肖而與其所賢奪其所憎而與
其所愛彼又將使其子女讒妾為諸侯妃姬處
梁之宮梁王安得晏然而已乎而將軍又何以

得故寵乎於是新垣衍起再拜謝曰始以先生爲庸人吾乃今日知先生爲天下之士也吾請出不敢復言帝秦秦將聞之爲却軍五十里適會魏公子無忌奪晉鄙軍以救趙擊秦軍秦軍遂引而去於是平原君欲封魯連魯連辭讓使者三終不肯受平原君乃置酒酒酣起前以千金爲魯連壽魯連笑曰所謂貴於天下之士者爲人排患釋難解紛亂而無取也即有取者是商賈之事也而連不忍爲也遂辭平原君而去終身不復見其後二十餘年燕將攻下聊城索隱曰徐廣云年表以田單攻聊城在長平後十餘年耳二十餘年誤也○正義曰今博州縣也聊城人或讒之燕燕將懼誅因保守聊城不敢歸齊田單攻聊城徐廣曰案年表田單攻聊城在長平後十餘年也歲餘士卒多死而聊城不下魯連乃爲書約之矢以射城中遺燕將書曰吾聞之智者不倍時而弃利勇士不怯死而滅名索隱曰怯死猶避死也忠臣不先身而後君今公行一朝之忿不顧燕王之無臣非忠也殺身亡聊城而威不信於齊非勇也功敗名滅後世無稱焉非智也三者世主不臣說士不載故智者不再計勇士不怯死今死生榮辱貴賤尊卑此

時不再至願公詳計而無與俗同且楚攻齊之南陽索隱曰即濟之淮北泗上之地也魏攻平陸索隱曰平陸邑名在西界○正義曰兗州縣也而齊無南面之心以爲亡南陽之害小不如得濟北之利大索隱曰即聊城之地也○正義曰言齊無南面攻楚魏之心以爲南陽平陸之害小不如聊城之利大言必攻之故定計審處之今秦人下兵魏不敢東面衡秦之勢成索隱曰此時秦與齊和故云衡秦之勢成也楚國之形危齊弃南陽斷右壤定濟北索隱曰謂弃泗上也又斷絕魏之所攻齊右壤之地平陸是也言右壤斷弃而不能救志在攻聊城而定濟北也計猶且爲之也且夫齊之必決於聊城公勿再計今楚魏交退於齊而燕救不至索隱曰交者俱也前時楚攻南陽魏攻平陸今二國

之兵俱退而燕救又不至是勢危也以全齊之兵無天下之規與聊城共據期年之敝則臣見公之不能得也且燕國大亂君臣失計上下迷惑栗腹以十萬之衆五折於外徐廣曰此事去長平十年以萬乘之國被圍於趙壤削主困爲天下僇笑國敝而禍多民無所歸心今公又以敝聊之民距全齊之兵是墨翟之守也正義曰如墨翟守宋却楚軍食人炊骨士無反外之心是孫臏之兵也正義曰言孫臏能撫士卒士卒無二心能見於天下雖然爲公計者不如全車甲以報於燕車甲全而歸燕燕王必喜身全而歸於國士民如見父母交游

攘臂而議於世功業可明上輔孤主以制羣臣下養百姓以資說士索隱曰言既養百姓又資說士終擬強國也劉氏云讀說士爲銳士意雖便不如依字也矯國更俗索隱曰欲令燕將歸燕矯正國事改更弊俗也功名可立也亡意亦捐燕弃世東游於齊乎索隱曰亡音無言若必無還燕意則捐燕而東游於齊乎裂地定封富比乎陶衛索隱曰延篤注戰國策云陶陶朱公也衛衛公子荊非也王劭云魏冉封陶商君姓衛富比陶衛謂此云爾世世稱孤與齊久存又一計也此兩計者顯名厚實也願公詳計而審處一焉且吾聞之規小節者不能成榮名惡小恥者不能立大功昔者管夷吾射桓公中其鉤簒也遺公子糾不能死怯也索隱曰遺弃也謂弃子糾而事小白也○正義曰管仲傅子糾而魯殺之不能隨子糾死是怯懦畏死也束縛桎梏辱也若此三行者世主不臣而鄉里不通鄉使管子幽囚而不出身死而不反於齊則亦名不免爲辱人賤行矣臧獲且羞與之同名矣方言曰荊淮海岱燕齊之間罵奴曰臧罵婢曰獲況世俗乎故管子不恥身在縲紲之中而恥天下之不治不恥不死公子糾而恥威之不信於諸侯故兼三行之過而爲五霸首正義曰按齊桓最初得周襄王賜文武胙彤弓矢大輅故爲五伯首也名高天下而光燭鄰國曹子爲魯將索隱曰曹昧三戰三北而亡地五百里鄉使曹子計不反顧議不還踵刎頸而死則

亦名不免爲敗軍禽將矣曹子棄三北之恥而退與魯君計桓公朝天下會諸侯曹子以一劒之任枝桓公之心於壇坫之上索隱曰枝猶擬也顏色不變辭氣不悖三戰之所亡一朝而復之天下震動諸侯驚駭威加吳越若此二士者非不能成小廉而行小節也以爲殺身亡軀絕世滅後功名不立非智也故去感忿之怨立終身之名棄忿悁之節正義曰忿敷粉反悁於緣反定累世之功是以業與三王爭流而名與天壤相獘也願公擇一而行之燕將見魯連書泣三日猶豫不能自決欲歸燕已有隙恐誅欲降齊所殺虜於齊甚衆恐已降而後見辱喟然歎曰與人刃我寧自刃乃自殺聊城亂田單遂屠聊城歸而言魯連欲爵之魯連逃隱於海上曰吾與富貴而詘於人寧貧賤而輕世肆志焉索隱曰肆放縱也

鄒陽者齊人也游於梁與故吳人莊忌夫子淮陰枚生之徒交上書索隱曰忌會稽人姓莊氏字夫子後避漢明帝諱改姓曰嚴枚生名乘字叔其子皐漢書並有傳蓋以銜枚氏而得姓也而介於羊勝公孫詭之間索隱曰言鄒陽上書自達而游於二人之間或往彼或往此介者言有隔於其閒故杜預曰介猶閒也勝等嫉鄒陽惡之梁孝王孝王怒下之吏將欲殺之

鄒陽客游以讒見禽恐死而負累正義曰諸不以罪死爲累乃從獄中上書曰臣聞忠無不報信不見疑臣常以爲然徒虛語耳昔者荊軻慕燕丹之義白虹貫日太子畏之應劭曰燕太子丹質於秦始皇遇之無禮丹亡去故厚養荊軻令西刺秦王精誠感天白虹爲之貫日也如淳曰白虹兵象日爲君列士傳曰荊軻發後太子自相氣見虹貫日不徹曰吾事不成矣後聞軻死事不立曰吾知其然也○索隱曰王劭又云軻將入秦待其客未發太子丹疑其畏懼故曰畏之其解不如見虹貫日不徹也戰國策云聶政刺韓傀亦曰白虹貫日是也衛先生爲秦畫長平之事太白蝕昴而昭王疑之蘇林曰白起爲秦伐趙破長平軍欲遂滅趙遣衛先生說昭王益兵糧乃爲應侯所害事用不成其精誠上達於天故太白爲之蝕昴昴趙分也將有兵故太白食干歷之也如淳曰太白乃天之將軍也○索隱曰如淳云太白主西方秦在西敗趙之兆也又王充云夫言白虹貫日太白食昴實也言荊軻之謀衛先生之策感動皇天而貫日食昴虛也夫精變天地而信不

喻兩主豈不哀哉今臣盡忠竭誠畢議願知張晏曰盡其計議願王知之也左右不明索隱曰言左右之不明不欲斥主卒從吏訊爲世所疑是使荊軻衛先生復起而燕秦不悟也願大王孰察之昔卞和獻寶楚王刖之應劭曰卞和得玉璞獻之武王武王示玉人玉人曰石也刖右足武王沒復獻文王玉人復曰石也刖其左足至成王時卞和抱璞哭於郊乃使玉尹攻之果得寶玉○索隱曰楚人卞和得玉璞事見國語及呂氏春秋案世家楚武王名熊通文王名貲成王名惲李斯竭忠胡亥極刑是以箕子佯狂索隱曰佯音陽謂詐爲狂司馬彪曰箕子名胥餘接輿辟世張晏曰楚賢人佯狂避世也○索隱曰案高士傳曰楚人陸通字接輿是也恐遭此患也願大王孰察卞和李斯

之意而後楚王胡亥之聽索隱曰謂以楚王胡亥之聽爲謬故後之而不用後循下也無使臣爲箕子接輿所笑臣聞比干剖心子胥鴟夷索隱曰韋昭云以皮作鴟鳥形名曰鴟夷鴟夷皮榼也服虔云用馬革作囊橐以裹尸投之於江臣始不信乃今知之願大王孰察少加憐焉諺曰有白頭如新傾蓋如故桓譚新論曰言內有以相知與否不在新故也○索隱曰服虔云人不相知才能交至白頭猶如新也傾蓋如故如吳札鄭僑也家語孔子遇程子於途傾蓋而語又志林云傾蓋者道行相遇軿車對語兩蓋相切小欹之義故云傾蓋也何則知與不知也故昔樊於期逃秦之燕藉荊軻首以奉丹之事索隱曰藉音子夜反韋昭云謂於期逃秦之燕以頭與軻使持入秦以示信也王奢去齊之魏臨城自剄以卻齊而存魏漢書音義曰王奢齊人也亡至魏其後齊伐魏奢登城謂

齊將曰今君之來不過以奢之故也夫義不苟生以爲魏累遂自剄也夫王奢樊於期非新於齊秦而故於燕魏也所以去二國死兩君者行合於志而慕義無窮也是以蘇秦不信於天下而爲燕尾生索隱曰服虔云蘇秦於秦不出其信於燕則出尾生之信韋昭云尾生守信而死者安案言蘇秦於燕獨守信如尾生故云爲燕之尾生也白圭戰亡六城爲魏取中山張晏曰白圭爲中山將亡六城君欲殺之亡入魏文侯厚遇之還拔中山○索隱曰事見戰國策及呂氏春秋也何則誠有以相知也蘇秦相燕燕人惡之於王王按劍而怒食以駃騠漢書音義駃騠駿馬也生七日而超其母敬重蘇秦雖有讒謗而更膳以珍奇之味○索隱曰字林云馬父贏子北狄之良馬也○正義曰食音寺駃騠音決踶北狄良馬也白圭顯於中山中山人惡之魏文侯文侯

投之以夜光之璧何則兩主二臣剖心拆肝相信豈移於浮辭哉故女無美惡入宮見妬士無賢不肖入朝見嫉昔者司馬喜髕脚於宋卒相中山晉灼曰司馬喜三相中山蘇林曰六國時人被此刑也○索隱曰事見戰國策及呂氏春秋范睢摺脅折齒於魏卒爲應侯索隱曰應侯傳作折脅摺齒是也說文云拉摧也音力荅反此二人者皆信必然之畫捐朋黨之私挾孤獨之位故不能自免於嫉妬之人也是以申徒狄自沈於河漢書音義曰殷之末世人○索隱曰莊子申徒狄諫而不用負石自投於河韋昭云六國時人漢書云自沈於雍河服虔云雍州之河也又新序作抱甕自沉於河不同也徐衍負石入海列士傳曰周之末世人不容於世義不苟取比周於

朝以移主上之心故百里奚乞食於路繆公委之以政甯戚飯牛車下而桓公任之以國應劭曰齊桓公夜出迎客而甯戚疾擊其牛角商歌曰南山矸白石爛生不遭堯與舜禪短布單衣適至骭從昏飯牛薄夜半長夜曼曼何時旦公召與語說之以爲大夫○索隱曰事見呂氏春秋商歌者謂爲商聲而歌也或云商旅人歌也二說並通矸音公捍反矸者白淨皃也顏野王音岸禪音善如字讀協韻失之也埤蒼云骭脛也字林音下諫反此二人者豈借宦於朝假譽於左右然後二主用之哉感於心合於行親於膠漆昆弟不能離豈惑於衆口哉故偏聽生姦獨任成亂昔者魯聽季孫之說而逐孔子索隱曰論語齊人歸女樂季桓子受之三日不朝孔子行也宋信子罕之計而囚墨翟索隱曰左氏司城子罕姓樂名喜喜乃宋之賢臣也漢書作

子冉不知子冉是何人文穎曰子冉子罕也荀卿傳云墨翟孔子時人或云在孔子後又襄二十九年左傳宋飢子罕請出粟時孔子適八歲則墨翟與子罕不得相輩或以子冉爲是不知何如也夫以孔墨之辯不能自免於讒諛而二國以危何則衆口鑠金索隱曰國語云衆心成城衆口鑠金賈逵云鑠消也衆口所惡雖金亦爲之消亡又風俗通云或說有美金於此衆人或共詆訛言其不純金賣者欲其必售同取鍛燒以見其真是爲衆口鑠金也積毀銷骨也索隱曰大顏云讒人積久譖毀則父兄自相誅戮骨肉爲之消滅也是以秦用戎人由余而霸中國齊用越人蒙而彊威宣索隱曰越人蒙未見所出漢書作子臧又張晏云子臧或是越人蒙字也此二國豈拘於俗牽於世繫阿偏之辭哉公聽並觀垂名當世索隱曰小顏云公聽言不私並觀謂所見同也故意合則胡越爲昆弟由余越人蒙是矣不

合則骨肉出逐不收朱象管蔡是矣今人主誠能用齊秦之義後宋魯之聽則五伯不足稱三王易爲也是以聖王覺寤捐子之之心徐廣曰燕王讓國於其大臣子之也而能不說於田常之賢應劭曰田常事齊簡公簡公說之而殺簡公使人君去此心則國家安全也封比干之後修孕婦之墓應劭曰紂刳妊者觀其胎產也○索隱曰安案封比干之後後謂子也不見其文尚書作封比干之墓又唯云刳剔孕婦則武王雖反商政亦未必修孕婦之墓也故功業復就於天下何則欲善無厭也夫晉文公親其讎彊霸諸侯齊桓公用其仇而一匡天下謂晉寺人勃鞮齊管仲也何則慈仁慇勤誠加於心不可以虛辭借也至夫秦用商鞅之法東

今夫天下布衣窮居之士身在貧賤雖包堯舜
之術索隱曰言蒙被堯舜之道也挾伊管之辯懷龍逢比干之
意欲盡忠當世之君而素無根柢之容雖竭精
思欲開忠信輔人主之治則人主必有按劍相
眄之跡是使布衣不得爲枯木朽株之資也是
以聖王制世御俗獨化於陶鈞之上漢書音義曰陶家名模下
圓轉者爲鈞以其能制器爲大小比之於天○索隱曰張晏云陶冶鈞範也作器下所轉者名鈞韋昭曰陶燒瓦之竈鈞
木長七尺有絃所以調爲器具也崔浩云以鈞制器萬殊故如造化之運轉裁成也而不牽於卑
亂之語不奪於衆多之口故秦皇帝任中庶子
蒙嘉之言以信荊軻之說而匕首竊發索隱曰通俗文

云其頭類匕故曰匕首短而便用也周文王獵涇渭載呂尚而歸以王
天下故秦信左右而殺周用烏集而王漢書音義曰太公望
塗觀卒遇共成王功若烏鳥之暴集也索隱曰韋昭云呂尚適周如烏之集也何則以其能越
攣拘之語馳域外之議獨觀於昭曠之道也今
人主沈於諂諛之辭牽於帷裳之制漢書音義曰言爲左右便
辟侍帷裳目妄所見牽制使不羈之士與牛驥同皁漢書音義曰食牛馬器以
木作如槽也○索隱曰言駿足不可羈絆以比喻逸才之人應劭云皁歷也韋昭云皁養馬之官下士也養馬之官其衣
皁也又郭璞云皁養馬之器也○正義曰顏云不羈言才識高遠不可羈係皁在早反方言云梁宋齊楚燕之間謂櫪曰
皁此鮑焦所以忿於世而不留富貴之樂也如淳
曰莊子云鮑焦飾行非世抱木而死○索隱曰晉灼云列士傳鮑焦怨世不用已採蔬於道子貢難曰非其世而採其蔬

此焦之有哉弃其跡乃立枯洛水之上案此事見莊子及說苑韓詩外傳小有不同也臣聞盛飾入朝者不以利汙義砥厲名號者不以欲傷行故縣名勝母漢書云里名勝母也○正義曰鹽鐵論皆云里名尸子及此傳云縣名未詳也而曾子不入索隱曰淮南子及鹽鐵論云里名勝母曾子不入蓋以名不順也尸子以爲孔子至勝母縣暮而不宿其說不同邑號朝歌而墨子廻車晉灼曰朝歌者不時也○正義曰朝歌今衛州縣也今欲使天下寥廓之士攝於威重之權主於位勢之貴故回面汙行以事諂諛之人索隱曰杜預云回邪也而求親近於左右則士伏死堀穴巖巖之中耳詩云節彼南山維石巖巖安肯有盡忠信而趨闕下者哉書奏梁孝王孝王使人出之卒爲上客

太史公曰魯連其指意雖不合大義然余多其在布衣之位蕩然肆志不詘於諸侯談說於當世折卿相之權鄒陽辭雖不遜然其比物連類有足悲者亦可謂抗直不橈矣吾是以附之列傳焉

索隱述贊曰

魯連達士　高才遠致　釋難解紛
辭祿肆志　齊將挫辯　燕軍沮氣
鄒子遇讒　見詆獄吏　慷慨獻說
時王所器

魯仲連鄒陽列傳第二十三　史記八十三

屈原賈生列傳第二十四　史記八十四

屈原者名平楚之同姓也（正義曰屈景昭皆楚之族王逸云楚王始都是生子瑕受屈爲卿因以爲氏）爲楚懷王左徒（正義曰蓋今在左右拾遺之類）博聞彊志明於治亂嫺（史記音隱曰音閑）於辭令入則與王圖議國事以出號令出則接遇賓客應對諸侯王甚任之上官大夫與之同列爭寵而心害其能懷王使屈原造爲憲令屈平屬草稾（一曰屬音燭草藁謂創制憲令之本漢書作草具崔浩謂發始造端也）未定上官大夫見而欲奪之（正義曰王逸云上官靳尚）屈平不與因讒之曰王使屈平爲令衆莫不知每一令出平伐其功曰以爲非我莫能爲也王怒而疏屈平屈平疾王聽之不聰也讒諂之蔽明也邪曲之害公也方正之不容也故憂愁幽思而作離騷（索隱曰音素刀反一音蕭應劭曰離遭也騷憂也又離騷序云離別也騷愁也）離騷者猶離憂也夫天者人之始也父母者人之本也人窮則反本故勞苦倦極未嘗不呼天也疾痛慘怛（正義曰上七感反下丁達反慘毒也怛痛也）未嘗不呼父母也屈平正道直行（正義曰寒孟反）竭忠盡智以事其君讒人間之可謂窮矣信而見疑忠而被謗能無怨乎屈平之作離騷蓋自怨生也國風好色而不淫小雅怨誹而不亂（正義曰誹方畏反）若

離騷者可謂兼之矣上稱帝嚳下道齊桓中述湯武以刺世事明道德之廣崇治亂之條貫靡不畢見其文約其辭微其志潔其行廉其稱文小而其指極大舉類邇而見義遠其志潔故其稱物芳其行廉故死而不容自疏濯淖汙泥之中 索隱曰濯音濁淖音鬧汙音烏故反泥音奴計反 蟬蛻於濁穢 正義曰蛻音稅去皮也又他卧反 以浮游塵埃之外不獲世之滋垢皭然泥而不滓者也 徐廣曰皭疏靜之貌○索隱曰皭音自若反泥音涅滓音淄又並如字 推此志也雖與日月爭光可也 正義曰言屈平之仕濁世去其汙垢在塵埃之外推此志意雖與日月爭其光明斯亦可矣 屈平既絀其後秦欲伐齊齊

與楚從親 正義曰上足松反 惠王患之乃令張儀詳去秦厚幣委質事楚曰秦甚憎齊齊與楚從親楚誠能絶齊秦願獻商於之地六百里楚懷王貪而信張儀遂絶齊使使如秦受地張儀詐之曰儀與王約六里不聞六百里楚使怒去歸告懷王懷王怒大興師伐秦秦發兵擊之大破楚師於丹陽斬首八萬 索隱曰丹淅二水名也謂於丹水之北淅水之南皆為縣名在弘農所謂丹陽淅是也○正義曰丹陽今岐江故城 虜楚將屈匄 索隱曰屈姓匄名音蓋 遂取楚之漢中地 徐廣曰楚懷王十六年張儀來相十七年秦敗屈匄○正義曰梁州 懷王乃悉發國中兵以深入擊秦戰於藍田魏聞之襲楚

至鄧索隱曰鄧在漢水北故鄧矦城也楚兵懼自秦歸而齊竟怒不救楚楚大困明年秦割漢中地與楚以和楚王曰不願得地願得張儀而甘心焉張儀聞乃曰以一儀而當漢中地臣請往如楚如楚又因厚幣用事者臣靳尚而設詭辯於懷王之寵姬鄭袖懷王竟聽鄭袖復釋去張儀是時屈平既疏不復在位使於齊顧反諫懷王曰何不殺張儀懷王悔追張儀不及索隱曰張儀傳無此語其後諸矦共擊楚大破之殺其將唐眛徐廣曰二十八年敗唐眛也○正義曰眛莫曷反時秦昭王與楚婚欲與懷王會懷王

欲行屈平曰秦虎狼之國不可信不如無行索隱曰楚世家昭睢有此言蓋二人同諫王故彼此各隨錄之也懷王稚子子蘭勸王行奈何絕秦歡懷王卒行入武關秦伏兵絕其後因留懷王徐廣曰三十年入秦以求割地懷王怒不聽亡走趙趙不內復之秦竟死於秦而歸葬長子頃襄王立索隱曰名橫以其弟子蘭爲令尹楚人既咎子蘭以勸懷王入秦而不反也屈平既嫉之雖放流睠顧楚國繫心懷王不忘欲反冀幸君之一悟俗之一改也其存君興國而欲反覆之一篇之中三致志焉然終無可奈何

故不可以反卒以此見懷王之終不悟也人君無愚智賢不肖（索隱曰此已下太史公傷楚懷王之不任賢信讒而不能反國之論也）莫不欲求忠以自爲舉賢以自佐然亡國破家相隨屬而聖君治國累世而不見者其所謂忠者不忠而所謂賢者不賢也懷王以不知忠臣之分故內惑於鄭袖外欺於張儀疏屈平而信上官大夫令尹子蘭兵挫地削亡其六郡身客死於秦爲天下笑此不知人之禍也易曰井泄不食（向秀曰泄者浚治去泥濁也○索隱曰向秀字子期晉人注周易）爲我心惻（張璠曰可爲惻然傷道未行也○索隱曰張璠亦晉人注易也）可以汲王明並受其福（易象曰求王明受福也○索隱曰京房易章句言我之道可汲而用上有明主汲我道而用之天下並受其福故曰王明並受其福也）王之不明豈足福哉（徐廣曰一云不足福○正義曰言楚王不明忠臣豈是受福故屈原懷沙自沉）令尹子蘭聞之大怒卒使上官大夫短屈原於頃襄王頃襄王怒而遷之（離騷序曰遷於江南）屈原至於江濱被髮行吟澤畔顏色憔悴形容枯槁漁父見而問之（索隱曰父音甫）曰子非三閭大夫歟（離騷序曰三閭之職掌王族三姓曰昭屈景序其譜屬率其賢良以厲國士）何故而至此屈原曰舉世混濁而我獨清眾人皆醉而我獨醒是以見放漁父曰夫聖人者不凝滯於物而能與世推移舉世混濁何不隨其流而揚其波（索隱

曰楚詞隨其流作滑其泥也衆人皆醉何不餔其糟而啜其醨
何故懷瑾握瑜而自令見放為索隱曰楚詞懷瑾握瑜作深思高舉
也屈原曰吾聞之新沐者必彈冠新浴者必振
衣人又誰能以身之察察王逸曰已靜絜受物之汶汶
者乎王逸曰蒙垢[illegible]○索隱曰汶汶音門門汶汶猶昏暗不明也寧赴常流而葬
乎江魚腹中耳索隱曰常流猶長流也又安能以皓皓之白
而蒙世之溫蠖乎索隱曰蠖音烏郭反溫蠖猶惛憒楚詞作蒙世之塵埃哉乃作
懷沙之賦索隱曰楚詞九懷曰懷沙礫以沉此其義也其辭曰陶陶孟夏
兮草木莽莽王逸曰陶陶盛陽貌莽莽盛茂貌索隱曰莽音姥○正義曰莫古反傷懷
永哀兮汩徂南土王逸曰汩行貌○索隱曰方言曰汩謂疾行也眴兮窈窕

徐廣曰眴眩也○索隱曰眴音瞬窈音烏鳥反孔靜幽墨王逸曰孔甚也墨無聲也○正義曰孔甚
墨無聲言江南山高澤深視之眴野甚清淨歎無人聲寃結紆軫兮離愍之長
鞠王逸曰鞠窮紆屈也軫痛也愍病也撫情効志兮俛詘以自抑刓
方以為圜兮常度未替王逸曰刓削度法替廢也言人刓削方木欲以為圓其常
法度尚未廢也○索隱曰刓音五官反易初本由兮君子所鄙王逸曰由道也○正
義曰本常也鄙耻也言人遭世不道變易初行違離常道君子所鄙章畫職墨兮前度未
改王逸曰章明也度法也言上明於所畫念其繩墨修前人之法不易其道則曲木直而惡木好○索隱曰畫計畫也
楚詞職作志志念也余如注所解內直質重兮大人所盛王逸曰言人質性敦
厚心志正直行無過失則大人君子所盛美也巧匠不斲兮孰察其揆正玄
文幽處兮矇謂之不章王逸曰玄黑也矇盲者也詩云矇瞍奏公章明也離

婁微睇兮瞽以為無明（王逸曰離婁古明視者也瞽盲也○正義曰睇田帝反眄也）變白而為黑兮倒上以為下（索隱曰下音户）鳳皇在笯兮雞雉翔舞（徐廣曰笯一作郊駰案王逸曰笯籠落也○索隱曰笯音奴又音女加反籠落謂藤蘿之相籠絡也楚詞雞作鶩○正義曰應瑞圖云黄帝問天老曰鳳鳥何如天老曰鴻前而麟後蛇頸而魚尾龍文而龜身燕頷而雞喙首戴德頸揭義背負仁心入信翼俠順足履正尾繫武小音金大音鼓延頸奮翼五光備舉）同糅玉石兮一槩而相量（王逸曰忠佞不異）夫黨人之鄙妒兮羌不知吾所臧（王逸曰莫昭我之善意○索隱曰按王師叔云羌楚人語辭言卿何為也○正義曰羌音疆）任重載盛兮陷滯而不濟（王逸曰言己才力盛壯可任用重載而身陷沒沈滯不得成其本志也）懷瑾握瑜兮窮不得余所示（王逸曰示語也）邑犬羣吠兮吠所怪也誹駿疑桀兮固庸態也（王逸曰千人才為俊一國高為桀也庸厮賤之人也○索隱曰尹文子云千人才曰俊萬人曰桀今乃誹駿疑桀固是庸人之態也）文質疏內兮眾不知吾之異采（徐廣曰異一作奧駰案王逸曰采文采也）材樸委積兮莫知余之所有重仁襲義兮謹厚以為豐（王逸曰重累也襲及也）重華不可牾兮孰知余之從容（王逸曰牾逢也○索隱曰楚詞牾作遌並五故反）古固有不並兮豈知其故也（索隱曰楚詞作莫知其何故）湯禹久遠兮邈不可慕也懲違改忿兮抑心而自彊離湣而不遷兮願志之有象（王逸曰象法也）進路北次兮（正義曰北次將就）日昧昧其將暮含憂虞哀兮限之以大故（王逸曰娛樂也大故謂死亡也○索隱曰楚詞含憂虞哀作舒憂娛哀娛音虞娛者樂也）亂曰（索隱曰王師叔云亂者理也所以發

理辭指總撮其要而重理前意也浩浩沅湘兮索隱曰二水名地理志湘水出零陵海陽山北入江
沅即湘之後流也○正義曰說文云沅水出牂牁東北流入江湘水出零陵縣海山北至入江按二水皆經岳州而入大
江也分流汩兮王逸曰汩流也脩路幽拂兮索隱曰楚詞作幽蔽也道遠
忽兮曾唫恒悲兮永歎慨兮世既莫吾知兮人
心不可謂兮王逸曰謂猶說也○索隱曰楚詞無曾唫已下二十一字懷情抱質兮
獨無匹兮伯樂既歿兮驥將焉程兮王逸曰程量也人生
有命兮各有所錯兮王逸曰錯安也定心廣志余何畏懼
兮索隱曰楚詞餘並作余曾傷爰哀永歎喟兮王逸曰喟息也世溷
不吾知心不可謂兮知死不可讓兮願勿愛兮
明以告君子兮吾將以為類兮王逸曰類法也○正義曰按類例也以為

忠臣不事亂君之例於是懷石遂自投汨羅以死應劭曰汨水在羅故曰汨
羅也○索隱曰地理志長沙有羅縣羅子之所徙荊州記羅縣北帶汨水音覓○正義曰故羅縣城在岳州湘陰縣東北
六十里春秋時羅子國秦置長沙郡而為縣也按縣北有汨水及屈原廟續齊諧記云屈原以五月五日投汨羅而死楚
人哀之每於此日以筒貯米投水祭之漢建武中長沙區回白日忽見一人自稱三閭大夫謂回曰聞君常見祭甚善但
常年所遺並蛟龍所竊今若有惠可以練樹葉塞上以五色絲轉縛之此物蛟龍所憚回依其言世人五月五日作糭并
帶五色絲及練葉皆汨羅之遺風屈原既死之後楚有宋玉唐勒
景差徐廣曰或作慶○索隱曰揚子法言及漢書古今人表皆作景瑳今作差是字省耳以徐裴鄒三家皆無
音是如字讀也之徒者皆好辭而以賦見稱然皆祖屈原
之從容辭令終莫敢直諫其後楚日以削數十
年竟為秦所滅自屈原沈汨羅後百有餘年漢

有賈生爲長沙王太傅過湘水投書以弔屈原賈生名誼雒陽人也年十八以能誦詩屬書聞於郡中吳廷尉爲河南守聞其秀才（正義曰顏云秀美也應劭云避光武諱改茂才也）召置門下甚幸愛孝文皇帝初立聞河南守吳公（索隱曰吳姓史失名故稱公）治平爲天下第一故與李斯同邑而常學事焉乃徵爲廷尉廷尉乃言賈生年少頗通諸子百家之書文帝召以爲博士是時賈生年二十餘最爲少每詔令議下諸老先生不能言賈生盡爲之對人人各如其意所欲出諸生於是乃以爲能不及也孝文帝

說之超遷一歲中至太中大夫賈生以爲漢興至孝文二十餘年天下和洽而固當改正朔易服色法制度定官名興禮樂乃悉草具其事儀法色尚黃數用五（正義曰漢文帝時黃龍見成紀故改爲土也）爲官名悉更秦之法孝文帝初即位謙讓未遑也諸律令所更定及列侯悉就國其說皆自賈生發之於是天子議以爲賈生任公卿之位絳灌東陽侯馮敬之屬盡害之（正義曰絳周勃灌灌嬰也東陽侯張相如馮敬時爲御史大夫）乃短賈生曰雒陽之人年少初學專欲擅權紛亂諸事於是天子後亦疏之不用其議乃以賈生

爲長沙王太傅索隱曰誼爲傅是吴芮之玄孫差襲長沙王之時也非景帝之子長沙王發也
荆州記長沙城西北隅有賈誼祠及誼坐石牀在也賈生既辭往行聞長沙卑
溼自以壽不得長又以適去徐廣曰竹華反韋昭曰謫譴也○索隱曰字林
云適音丈厄反意不自得及渡湘水爲賦以弔屈原其
辭曰共承嘉惠兮張晏曰恭敬也俟罪長沙側聞屈原
兮自沈汨羅造託湘流兮敬弔先生索隱曰造音七到反遭
世罔極兮乃隕厥身嗚呼哀哉逢時不祥鸞鳳
伏竄兮鴟梟翺翔索隱曰竄音七外反闒茸尊顯兮讒諛
得志索隱曰闒音天臘反茸音而隴反應劭胡廣云闒茸不才之人無六翮翺翔之用而反尊貴字林云闒茸
不肖之人也賢聖逆曳兮方正倒植索隱曰胡廣云逆曳不得順而行也倒植
賢不肖顛倒而易位也世謂伯夷貪兮謂盜跖廉索隱曰漢書作隨夷溷兮
跖蹻廉一句皆兼兩人隨卞隨夷伯夷跖盜跖蹻莊蹻也莫邪爲頓兮應劭曰莫邪吴大夫也作
寶劒因以冠名賛曰許慎曰莫邪大戟也○索隱曰吴越春秋曰吴王使干將造劒二枚一曰干將二曰莫耶莫耶干將
劒名也頓讀爲鈍鉛刀爲銛徐廣曰思廉反駰案漢書音義曰銛謂利○索隱曰鉛者錫也銛利也音
纖言其暗惑也于嗟嚜嚜兮生之無故應劭曰嚜嚜不自得意賛曰生謂屈原也斡
棄周鼎兮而寶康瓠如淳曰斡轉也爾雅曰康瓠謂之甈大瓠也應劭曰東容也斡音筦
筦轉也康空也○索隱曰斡音烏活反甈音五列反李巡云康謂大瓠瓢也騰駕罷牛兮驂
蹇驢正義罷音皮驥垂兩耳兮服鹽車索隱曰戰國策曰夫驥服鹽車
上太山中坂遷延負轅不能上伯樂下車哭之者也章甫薦屨兮應劭曰章甫殷冠也漸
不可久劉向別録曰因以自諭自恨也嗟苦先生兮獨離此咎應劭

曰嗟咨嗟勞苦屈原遇此難也訊曰李奇曰訊告也張晏曰訊離騷下竟亂辭也○索隱曰訊音信劉伯莊音素對反訊猶宣也重宣其意周成解詁音碎也已矣國其莫我知獨堙鬱兮索隱曰漢書作壹鬱亦通其誰語鳳漂漂其高遰兮索隱曰遰音逝夫固自縮而遠去襲九淵之神龍兮鄧展曰龍襲重也或曰龍襲覆也猶言察也○索隱曰莊子曰千金之珠必在九重之淵而驪龍頷下故云九淵之神龍也沕徐廣曰亡筆反深潛以自珍徐廣曰沕潛藏也彌融爚徐廣曰一云偭蟂獺○正義曰顏野王云彌遠也融明也爚光也沒深藏以自珍彌遠明光以隱處也以隱處兮徐廣曰一本云彌蝎蠕以隱處也○索隱曰案徐所注蓋三本惣不同也蘇林云偭音面應劭云偭背也蟂獺水蟲害魚者以言君子背惡從善也郭璞注爾雅云似鳧江東謂之魚鴉夫豈從螘與蛭螾漢書螘字作蝦韋昭曰蝦蝦蟇也蛭水蟲螾丘螾也○索隱曰螘音蟻漢書作蝦言偭然絕於蟂獺況從蝦與蛭螾也蛭音質螾音引○正義曰言寧投水合神龍豈陸葬從蟻與蛭蚓所

貴聖人之神德兮遠濁世而自藏使騏驥可得係羈兮豈云異夫犬羊正義曰使騏驥可得係縛羈絆則與犬羊無異責屈原不去濁世以藏隱其文如纂也驥千里馬般紛紛其離此尤兮蘇林曰般音盤孟康曰般音班或曰盤桓不去紛紛搆讒意也○索隱曰尤謂怨咎也亦夫子之辜也索隱曰漢書辜作故夫子謂屈原也李奇曰亦夫子不如麟鳳翔逝之故罹此咎也瞝九州而相君兮索隱曰瞝音丑知反謂歷觀也漢書作歷九州何必懷此都也鳳皇翔于千仞之上兮覽德輝焉下之索隱曰言鳳皇翔見人君有德乃下故禮曰德輝動乎內是也見細德之險微兮搖增翮徐廣曰一云遥增擊也逝而去之正義曰搖動也增加也言見細德之人又有險難微起則合加動羽翮遠逝而去之彼尋常之汙瀆兮應劭曰八尺曰尋倍尋曰常○索隱曰汙潢也瀆小渠也豈能容吞舟

之魚横江湖之鱣鱏兮如淳曰大魚也瓚曰鱏魚無鱗口近腹下固將
制於螻蟻索隱曰莊子云庚桑楚謂弟子曰吞舟之魚蕩而失水則螻蟻能苦之戰國策齊人説靖郭君
亦同案以諭小國暗主不容忠臣而爲讒賊小臣之所見害也賈生爲長沙王太傅
正義曰漢文帝年表云吳芮之玄孫差襲長沙王也傅爲長沙靖王差之二年也括地志云吳芮故城在潭州長沙縣東
南三百里賈誼宅在縣南三十步湘水記云誼宅中有一井誼所穿極小而深上斂下大其狀如壺傍有一局脚石床容
一人坐形流古制相承云誼所坐三年有鵩飛入賈生舍止於坐隅
楚人命鵩曰服晉灼曰異物志有山鵩體有文色土俗因形名之曰服不能遠飛行不出域索
隱曰鄧展云似鵲而大荊州記云巫縣有鳥如雌雞其雄爲鵩楚人謂之服吳録云服黑色也鳴自呼其名賈生
既以適居長沙長沙卑溼自以爲壽不得長傷
悼之乃爲賦以自廣索隱曰姚氏云廣猶寬也其辭曰單閼

之歲兮徐廣曰歲在卯曰單閼文帝六年歲在丁卯○索隱曰李巡云單閼起也陽氣推萬物而起故曰單
閼孫炎本作蟬焉蟬猶伸也○正義閼烏曷反四月孟夏庚子日施兮服集
予舍徐廣曰施一作斜○索隱曰施音矢移反猶西斜也漢書作斜止于坐隅貌甚
閒暇異物來集兮私怪其故發書占之兮策言
其度索隱曰漢書作讖説文云讖驗言也此作策蓋讖策之辭○正義曰發策數之書占其度驗曰
野鳥入處兮主人將去請問于服兮予去何之
索隱曰于於也漢書作予服小顏云予加美之辭吉乎告我凶言其菑正義音災
淹數之度兮語予其期徐廣曰數速也服乃歎息舉首
奮翼口不能言請對以臆正義曰協韻音憶萬物變化
兮固無休息斡流而遷兮或推而還索隱曰斡音烏活反斡轉

也形氣轉續兮化變而嬗服虔曰嬗音如嬋反變蜕也或曰蟬蔓相連也○索
隱曰韋昭云而如也如蟬之蜕化也蘇林云嬗音嬋謂其相傳之也沕穆無窮兮胡可勝
言索隱曰漢書無窮作無閒沕音蜜又音昧沕穆深微皃以言其理深微不可盡言也○正義沕音勿禍兮
福所倚正義曰於綺反依也福兮禍所伏索隱曰此老子之言然禍字古作既案倚者立
也伏下身也以言禍福遞來猶如伏立也憂喜聚門兮吉凶同域正義曰言禍福
相因吉凶不定彼吳彊大兮夫差以敗越棲會稽兮句踐
霸世斯游遂成兮卒被五刑韋昭曰斯李斯也傅說胥靡
兮徐廣曰腐刑也○索隱曰晉灼云胥相也靡隨也古者相隨坐輕刑之名墨子云傅說衣褐帶索傭築於傅巖
在河東大陽縣又夏靖書云猗氏十里河西岸吳坂下便得隱穴是說所潛身處也乃相武丁夫
禍之與福兮何異糾纆應劭曰福禍相爲表裏如糾纆繩索相附會也瓚曰糾絞

也纆索也○索隱曰韋昭云纆徽也又通俗文云合繩曰糾字林云纆三合繩也音墨糾音九命不可說
兮孰知其極水激則旱兮矢激則遠索隱曰此淮南子及鶡冠
子文也彼作水激則旱而呂氏春秋作疾以言水激則去疾不能浸潤矢激疾則去遠也說文旱與捍同音以言水矢流
飛本以無礙爲通利今遇有物觸之則激怒更勁疾而遠捍猶人或因禍致福倚伏無常也萬物回薄
兮振蕩相轉雲蒸雨降兮錯繆相紛大專槃物
兮漢書專字作鈞如淳曰陶者作器於鈞上此以造化爲大鈞○索隱曰漢書云大鈞播物此專讀曰鈞槃猶轉也與
播義同虞喜志林云大鈞造化之神鈞陶萬物品授羣形者也案上鄒陽傳注云陶家名模下圓轉者爲鈞言其能制器
大小以比之於天坱軋無垠應劭曰其氣坱軋非有限齊也坱音若央軋音若乙○索隱曰案無垠謂
無有齊畔也說文云垠圻也郭璞注方言云坱軋者不利也王逸注楚詞云坱軋霧氣昧也○正義曰坱烏朗反軋於黠反
天不可與慮兮索隱曰與音預道不可與謀遲數有命

兮惡識其時且夫天地爲爐兮造化爲工索隱曰此
莊子文陰陽爲炭兮萬物爲銅索隱曰既以陶冶喻造化故以陰陽爲炭萬物
爲銅也合散消息兮安有常則索隱曰莊子云人之生也氣之聚也聚則爲生
散則爲死千變萬化兮未始有極索隱曰莊子云人者萬化而未始有極忽
然爲人兮何足控摶如淳曰控引也控摶玩弄愛生之意也○索隱曰摶音徒端反又本
作控揣揣音初委反又音丁果反揣者量也故晉灼云或然爲人言此生甚輕耳何足引物量度已年命之長短而愛惜
之也化爲異物兮又何足患索隱曰謂死而形化爲鬼是爲異物也患協韻音環
小知自私兮賤彼貴我索隱曰莊子云以物觀之自貴而相賤也通人
大觀兮物無不可索隱曰莊子物故有所然物固有所可無物不然無物不可貪
夫徇財兮列士殉名應劭曰徇營也瓚曰以身從物曰徇○索隱曰此語亦出莊子夸

者死權兮應劭曰夸毗也好榮死於權利瓚曰夸泰也莊子曰權勢不尤則夸者不悲也○索隱曰言好
夸毗者死於權利是言貪勢以自矜夸者至死不休也尤甚也言勢不甚用則夸毗者可悲也品庶馮生
孟康曰馮貪也○索隱曰漢書作每生音謀在反服虔云每念生也鄒誕本亦作每言唯念生而已今此作馮馮亦持念
之意也然案方言每字合從手旁音謀改反○正義曰馮音憑怵迫之徒兮或趨西
東孟康曰怵爲利所誘怵也迫迫於貧賤東西趨利也○索隱曰漢書亦有作私東應劭云仕諸侯爲私時天子居
長安諸王悉在關東小人怵然內迫私家樂仕諸侯故云怵迫私東也李奇曰私多作西者言東西趨利也怵音黜又怵
者誘也大人不曲兮億變齊同索隱曰張機云德無不包靈府弘曠故名大人
拘士繫俗兮攌如囚拘徐廣曰攌音華板反又音晥索隱曰說文云攌大木柵也
漢書作僒音去隕反至人遺物兮獨與道俱索隱曰莊子云古之至人先存諸己
後存諸人張機云躰盡於聖德美之極謂之至人衆人或或兮好惡積意李奇

曰或或東西也所好所惡積之萬億也瓚曰言衆懷抱好惡積之心意○正義曰意合韻音憶眞人淡漠

兮獨與道息索隱曰莊子云古之眞人不知悅生不知惡死不以心捐死不以人助天呂氏春秋曰精氣日新斜氣盡去反其天年謂之眞人也釋知遺形兮超然自喪服虔曰絶聖棄知而忘其身也○索隱曰遺形者形故可使如槁木也自喪者心若死灰也莊周云今者吾喪我汝知之乎寥廓忽

荒兮與道翺翔乘流則逝兮得坻則止徐廣曰坻一作坎駰案張晏曰坻水中小洲也○索隱曰漢書坻作坎周易坎九二有險言君子見險則止縱軀委命兮

不私與己其生若浮兮其死若休索隱曰莊子云勞我以生休我以死也

澹乎若深淵之靜氾乎若不繫之舟索隱曰出莊子

不以生故自寶兮養空而游漢書音義曰如舟之空也○索隱曰鄧展云自寶自貴也養空而游言躰道之人但養空性而心若浮舟也德人無累兮知命

不憂索隱曰德人謂上德之人心中無物累是得道之士也細故蔕葪兮何足

以疑韋昭曰蔕音士介反○索隱曰葪音介漢書作介張揖云蔕介鯁刺也以言細微事不足蔕介我心故於此云何足以疑之者也○正義曰蔕刃邁反葪如邁反後歲餘賈生徵見孝文

帝方受釐徐廣曰祭祀福胙也駰案如淳曰漢唯祭天地五時皇帝不自行祠還致福釐音禧坐宣

室蘇林曰未央前正室○索隱曰三輔故事云宣室在未央殿北應劭云釐祭余肉也上因感鬼神

事而問鬼神之本賈生因具道所以然之狀至

夜半文帝前席既罷曰吾久不見賈生自以爲

過之今不及也居頃之拜賈生爲梁懷王太傅

索隱曰梁懷王名揖文帝子梁懷王文帝之少子愛而好書故

令賈生傅之文帝復封淮南厲王子四人皆爲

列矦賈生諫以爲患之興自此起矣賈生數上䟽言諸矦或連數郡非古之制可稍削之文帝不聽居數年懷王騎墮馬而死徐廣曰文帝十一年無後賈生自傷爲傅無狀哭泣歲餘亦死賈生之死時年三十三矣及孝文崩孝武皇帝立舉賈生之孫二人至郡守而賈嘉最好學世世其家與余通書至孝昭時列爲九卿

太史公曰余讀離騷天問招魂哀郢悲其志適長沙觀屈原所自沈淵索隱曰荆州記云長沙羅縣北帶汨水去縣四十里是原自沈處此岸有廟也未嘗不垂涕想見其爲人及見賈生弔之又怪屈原以彼其材游諸矦何國不容而自令若是讀服鳥賦同死生輕去就又爽徐廣曰一本作奭然自失矣

索隱述贊曰

屈平行正　以事懷王　瑾瑜比絜
日月爭光　忠而見放　讒者益章
賦騷見志　懷沙自傷　百年之後
空悲弔湘

屈原賈生列傳第二十四　史記八十四

呂不韋列傳第二十五　史記八十五

呂不韋者陽翟大賈人也索隱曰翟音狄俗又音宅地理志縣名屬潁川戰國策以不韋爲濮陽人又記其事迹亦多與此傳不同班固雖云太史公採戰國策然爲此傳當别有所聞見故不全依彼說或者劉向定戰國策時以已異聞改易彼書遂令不與史記合之也賈音古鄭玄注周禮云行曰商處曰賈○正義曰陽翟今河南府也往來販賤賣貴徐廣曰一本云陽翟大賈也往來賤買貴賣也○索隱曰王劭賣作鬻音育案育賣義同今如字讀家累千金秦昭王四十年太子死其四十二年以其次子安國君爲太子索隱曰名柱後立是爲孝文王也安國君有子二十餘人安國君有所甚愛姬立以爲正夫人號曰華陽夫人華陽夫人無子安國君中男名子楚索隱曰即莊襄王也戰國策曰本名異人後從趙還不韋使以楚服見王后悅之曰吾楚人也而子字之乃變其名曰子楚子楚母曰夏姬毋愛子楚爲秦質子於趙索隱曰質音致今讀依此穀梁傳曰交質子不及二伯左傳曰信不由中質無益也秦數攻趙趙不甚禮子楚子楚秦諸庶孼孫索隱曰韓信傳亦曰韓信襄王之孼孫張晏曰孺子曰孼子何休注公羊孼子賤子也非嫡正之子曰孼質於諸侯車乘進用不饒索隱曰下文又云以五百金爲進用宜依小顏讀爲責音才刃反進者財也古字假借之也居處困不得意呂不韋賈邯鄲見而憐之曰此奇貨可居以子楚方財貨也○正義曰戰國策云濮陽人呂不韋賈邯鄲見秦質子異人謂其父曰耕田之利幾倍曰十倍珠玉之贏幾倍曰百倍立主定國之贏幾倍曰無數不韋曰今力田疾作不得煖衣飽食今定國立君澤可遺後世願往事之秦子異人質於趙處於聊城故往說之乃說秦王后弟楊泉君曰君之罪至死君知之乎君門下無不居高官尊位太子門下無貴者而駿馬盈外廄

美女充後庭王之春秋高矣一日山陵太子用事君危於累卵而不壽於朝生今有計可以使君富千萬寧於太山必無危亡之患矣楊泉曰請聞其說不韋曰王年高矣王后無子子傒有承國之業士倉又輔之王一日山陵子傒立士倉用事王后之門必生蓬蒿子楚異人賢材也棄在於趙無母引領西望欲一得歸王后誠請而立之是異人無國有國王后無子有子楊泉曰諾入說王后為請於趙而歸之乃往見子楚說曰吾能大子之門子楚笑曰且自大君之門而乃大吾門呂不韋曰子不知也吾門待子門而大子楚心知所謂乃引與坐深語索隱曰既解不韋所言之意遂與密謀深語也呂不韋曰秦王老矣安國君得為太子竊聞安國君愛幸華陽夫人華陽夫人無子能立適嗣者正義曰適音嫡獨華陽夫人耳今子兄弟二十餘人子又

居中不甚見幸久質諸侯即大王薨安國君立為王則子無幾得與長子正義曰言子楚無望得預長為太子及諸子旦暮在前者爭為太子矣索隱曰幾音冀幾望也左傳曰日月以幾戰國策曰子傒有承國之業又有母在中高誘注云子傒秦太子異人之異母兄弟也子楚曰然為之柰何呂不韋曰子貧客於此非有以奉獻於親及結賓客也不韋雖貧請以千金為子西游事安國君及華陽夫人立子為適嗣子楚乃頓首曰必如君策請得分秦國與君共之呂不韋乃以五百金與子楚為進用結賓客而復以五百金買奇物玩好自奉而西游秦求見華陽夫人

姊而皆以其物獻華陽夫人因言子楚賢智結諸侯賓客徧天下常曰楚也以夫人爲天日夜泣思太子及夫人夫人大喜不韋因使其姊說夫人（索隱曰戰國策作說秦王后弟陽泉君也）曰吾聞之以色事人者色衰而愛弛今夫人事太子甚愛而無子不以此時蚤自結於諸子中賢孝者舉立以爲適而子之（索隱曰以此爲一句子謂養之爲子也然欲分立以爲適作上句而子之夫在則尊重作下句意亦通）夫在則重尊夫百歲之後所子者爲王終不失勢此所謂一言而萬世之利也不以繁華時樹本即色衰愛弛後雖欲開一語尚可得乎今子

楚賢而自知中男也次不得爲適其母又不得幸自附夫人夫人誠以此時拔以爲適夫人則竟世有寵於秦矣華陽夫人以爲然承太子閒從容言（索隱曰閒音閑從音七恭反）子楚質於趙者絕賢來往者皆稱譽之乃因涕泣曰妾幸得充後宮不幸無子願得子楚立以爲適嗣以託妾身安國君許之乃與夫人刻玉符約以爲適嗣安國君及夫人因厚餽遺子楚而請呂不韋傅之子楚以此名譽益盛於諸侯呂不韋取邯鄲諸姬絕好善舞者與居（索隱曰言其姿容絕美而又善舞也）知有身子楚從不

韋飲見而說之因起爲壽請之呂不韋怒念業已破家爲子楚欲以釣奇（索隱曰釣者以取魚喻也奇即上云此奇貨可居也）乃遂獻其姬姬自匿有身至大期時（徐廣曰期十二月也○索隱曰譙周云人十月生此過二月故云大朞蓋當然也既云自匿有娠則生政固當踰常期也）生子政子楚遂立姬爲夫人秦昭王五十年使王齮圍邯鄲急趙欲殺子楚子楚與呂不韋謀行金六百斤予守者吏得脫亡赴秦軍遂以得歸趙欲殺子楚妻子子楚夫人趙豪家女也得匿以故母子竟得活秦昭王五十六年薨太子安國君立爲王華陽夫人爲王后子楚爲太子趙亦奉子

楚夫人及子政歸秦秦王立一年薨謚爲孝文王太子子楚代立是爲莊襄王莊襄王所養母華陽后爲華陽太后（索隱曰劉氏本作所生母生字今檢諸本並無生字也）眞母夏姬尊以爲夏太后莊襄王元年以呂不韋爲丞相封爲文信侯（索隱曰下文尊爲相國案百官表云皆秦官金印紫綬掌丞天子助理萬機秦署左右高帝署一後又更名相國哀帝時更名大司徒）食河南洛陽十萬戶（索隱曰戰國策曰食藍田十二縣而秦本紀莊襄王元年初置三川郡地理志高祖更名河南此秦代而曰河南者史記後作據漢郡而言之耳）莊襄王即位三年薨太子政立爲王（徐廣曰時年十三）尊呂不韋爲相國號稱仲父（正義曰仲中也次父也蓋效齊桓公以管仲爲仲父）秦王年少太后時時竊私通呂不韋

不韋家僮萬人當是時魏有信陵君（正義曰年表云秦昭王五十六年平原君卒始皇四年信陵君死始皇九年李園殺春申君孟嘗君當秦昭王二十四年已後而卒最早）楚有春申君趙有平原君齊有孟嘗君（索隱曰王劭云孟嘗春申死已久據表及傳孟嘗春申死稍在前信陵將五國兵攻秦河外正當在莊襄王時不韋已爲相又春申與不韋並時各相向十餘年不得言死之久矣）皆下士喜賓客以相傾呂不韋以秦之彊羞不如亦招致士厚遇之至食客三千人是時諸侯多辯士如荀卿之徒著書布天下呂不韋乃使其客人人著所聞集論以爲八覽六論十二紀二十餘萬言（索隱曰八覽者有始孝行愼大先識審分審應離俗時君也六論者開春愼行貴直不苟以順士容也十二紀者記十二月也其書有孟春等紀二十餘萬言三十餘卷也）以

爲備天地萬物古今之事號曰呂氏春秋布咸陽市門（索隱曰地理志右扶風渭城縣故咸陽高帝更名新城武帝更名渭城案咸訓皆其地在渭水之北北阪之南水北曰陽山南亦曰陽皆在二者之陽也）懸千金其上延諸侯游士賓客有能增損一字者予千金始皇帝益壯太后淫不止呂不韋恐覺禍及己乃私求大陰人嫪毐以爲舍人時縱倡樂使毐以其陰關桐輪而行（正義曰以桐木爲小車輪）令太后聞之以啗太后太后聞果欲私得之呂不韋乃進嫪毐詐令人以腐罪告之（正義曰上音輔謂宮刑骨靡也）不韋又陰謂太后曰可事詐腐則得給事中太后乃陰厚賜主腐者吏詐論

之拔其鬚眉爲宦者遂得侍太后太后私與通絶愛之有身太后恐人知之詐卜當避時徙宮居雍正義曰雍故城在岐雍縣南七里有秦都大鄭宮嫪毐常從賞賜甚厚事皆決於嫪毐嫪毐家僮數千人諸客求宦爲嫪毐舍人千餘人始皇七年莊襄王母夏太后薨孝文王后曰華陽太后與孝文王會葬壽陵正義曰秦孝文王陵在雍州萬年縣東北二十五里夏太后子莊襄王葬芷陽索隱曰芷音止地理志云京兆霸陵縣故芷陽案在長安東也○正義曰秦襄莊陵在雍州新豐縣西南三十五里始皇在北故俗亦謂之見子陵故夏太后獨別葬杜東索隱曰杜原之東也○正義曰夏太后陵在萬年縣東南二十五里曰東望吾子西望吾夫後百年

旁當有萬家邑索隱曰宣帝元康元年起杜陵漢舊儀武昭宣三陵皆三萬戶計去此一百六十餘年也始皇九年有告嫪毐實非宦者常與太后私亂生子二人皆匿之與太后謀曰王即薨以子爲後說苑曰毒與侍中左右貴臣博飲酒醉爭言而鬬瞋目大叱曰吾乃皇帝假父也窶人子何敢乃與我亢所與鬬者走行白始皇○索隱曰劉氏窶音其矩反今俗本多作屢字蓋相承錯耳不近詞義說苑作窶子言輕諸侍中以爲窮窶家之子也於是秦王下吏治具得情實事連相國呂不韋九月夷嫪毐三族殺太后所生兩子而遂遷太后於雍索隱曰說苑云遷太后咸陽宮地理志雍縣有咸陽宮秦昭王所起也諸嫪毐舍人皆沒其家而遷之蜀索隱曰家謂家生資物並沒於官人口則遷之蜀也王欲誅相國爲其奉先王功大及賓客

辯士爲游說者衆王不忍致法秦王十年十月
免相國呂不韋及齊人茅焦說秦王秦王乃迎
太后於雍歸復咸陽徐廣曰入南宮而出文信侯就國
河南歲餘諸侯賓客使者相望於道請文信侯
秦王恐其爲變乃賜文信侯書曰君何功於秦
秦封君河南食十萬戶君何親於秦號稱仲父
其與家屬徙處蜀呂不韋自度稍侵恐誅乃飲
酖而死徐廣曰十二年駰案皇覽曰不韋冢在河南洛陽北邙道西大冢是也民傳言呂母冢不韋妻先葬故其冢名呂母也
秦王所加怒呂不韋嫪毐皆已死乃皆
復歸嫪毐舍人遷蜀者始皇十九年太后薨謚

爲帝太后索隱曰王劭云秦不用謚法此蓋號耳其義亦當然也始皇稱皇帝之後故其母號爲帝太后豈謂誅列生時之行乎
與莊襄王會葬茝陽徐廣曰一作芷陽
太史公曰不韋及嫪毐貴封號文信侯索隱曰文信侯不韋封也嫪毐封長信侯上文已言不韋封此贊中言嫪毐得寵貴由不韋耳合作長信侯
人之告嫪毐
毐聞之秦王驗左右未發上之雍郊毐恐禍起
乃與黨謀矯太后璽發卒以反蘄年宮正義曰蘄年宮在岐州城西故城內
發吏攻毐毐敗亡走追斬之好時遂滅
其宗索隱曰地理志扶風有好時縣
而呂不韋由此絀矣孔子之
所謂聞者其呂子乎論語曰夫聞也者色取仁而行違居之不疑在邦必聞在家必聞馬融曰此言佞人也

索隱述贊曰
不韋釣奇　委質子楚　華陽立嗣
邯鄲獻女　及封河南　乃號仲父
徙蜀懲謗　懸金作語　籌策既成
富貴斯取

呂不韋列傳第二十五　史記八十五

刺客列傳第二十六　史記八十六

曹沫者魯人也（索隱曰沫音亡葛反左氏穀梁並作曹劌然則沫宜音劌沫劌聲相近而字異耳）以勇力事魯莊公莊公好力曹沫為魯將與齊戰三敗北魯莊公懼乃獻遂邑之地以和（索隱曰左傳齊人滅遂杜預云遂國在濟北蛇丘縣東北也○正義曰故城在兗州龍丘縣西北七十六里也）猶復以為將齊桓公許與魯會于柯而盟（索隱曰杜預云齊北東阿齊之柯邑猶祝柯今為祝阿也）桓公與莊公既盟於壇上曹沫執匕首劫齊桓公（索隱曰匕音比劉氏云短劒也鹽鐵論以為長尺八寸其頭類匕故云匕首也此事約公羊為說然彼無其名直云曹子而已且左傳魯莊十年戰長勺用曹劌謀敗齊而無劫桓公之事十三年盟于柯公羊始論曹子穀梁此年推云曹劌之盟信齊侯也又不記其行事之時也）桓公左右莫敢

動而問曰子將何欲（索隱曰公羊傳曰管子進曰君何求何休注云桓公卒不能應管仲進為言之也）曹沫曰齊彊魯弱而大國侵魯亦以甚矣今魯城壞即壓齊境（索隱曰齊魯鄰接今齊數侵魯魯之城壞即壓近齊之境也）君其圖之桓公乃許盡歸魯之侵地既已言曹沫投其匕首下壇北面就羣臣之位顏色不變辭令如故桓公怒欲倍其約（索隱曰倍音佩）管仲曰不可夫貪小利以自快棄信於諸侯失天下之援不如與之於是桓公乃遂割魯侵地曹沫三戰所亡地盡復予魯其後百六十有七年而吳有專諸之事

專諸者吳堂邑人也索隱曰專字亦作剸音同左傳作鱄設諸地理志臨淮有堂邑縣也伍子胥之亡楚而如吳也知專諸之能伍子胥既見吳王僚說以伐楚之利吳公子光曰彼伍員父兄皆死於楚而員言伐楚欲自爲報私讎也非能爲吳吳王乃止伍子胥知公子光之欲殺吳王僚乃曰彼光將有內志未可說以外事索隱曰言其將有內難弑君之志且對外事生文吳世家作知光有他志也乃進專諸於公子光光之父曰吳王諸樊諸樊弟三人次曰餘祭索隱曰祭音側界反次曰夷眛索隱曰眛音亡葛反公羊作餘末次曰季子札諸樊知季子札賢而不立太子以次傳三弟

欲卒致國于季子札諸樊既死傳餘祭餘祭死傳夷眛夷眛死當傳季子札季子札逃不肯立吳人乃立夷眛之子僚爲王公子光曰使以兄弟次邪季子當立必以子乎則光眞適嗣當立故嘗陰養謀臣以求立光既得專諸善客待之九年而楚平王死索隱曰春秋昭二十六年楚子居卒是也吳世家云十二年此云九年並誤據表及左傳合在僚之十一年也春吳王僚欲因楚喪使其二弟公子蓋餘屬庸將兵圍楚之潛索隱曰屬音燭二子僚之弟也左傳作掩餘屬庸掩蓋義同屬燭字相亂耳事在魯昭二十七年地理志廬江有潛縣天柱山在南杜預左傳注云潛楚邑在廬江六縣西南○正義曰潛故城在壽州霍山縣東二百步使延陵季子於晉以

觀諸侯之變楚發兵絕吳將蓋餘屬庸路吳兵不得還於是公子光謂專諸曰此時不可失不求何獲且光眞王嗣當立季子雖來不吾廢也專諸曰王僚可殺也母老子弱而兩弟將兵伐楚楚絕其後方今吳外困於楚而內空無骨鯁之臣是無如我何索隱曰左傳直云王可殺也母老子弱是無若我何則是專設諸度僚可殺言其必援助故云無奈我何太史公採其意且據上文因復加以兩弟將兵外困之辭而服虔杜預見左氏下文云我爾身也以其子爲卿遂強解是無如我何猶言我無若是何謂專諸欲以老弱託光義非允愜王肅之說亦依史記也公子光頓首曰光之身子之身也四月丙子光伏甲士於窟室中徐廣曰窟一作空○索隱曰僚之十二年夏也吳系家以爲十三年非也左氏

經傳唯言夏四月公羊穀梁無其文此與吳系家皆稱丙子當有所據不知出何書左傳云伏甲士於窟室杜預謂掘地爲室也所以下文云出其伏甲以攻王而具酒請王僚王僚使兵陳自宮至光之家門戶階陛左右皆王僚之親戚也夾立侍皆持長鈹音披○索隱曰兵器也劉逵注吳都賦鈹兩刃小刀酒既酣公子光詳爲足疾入窟室中索隱曰詳音陽爲如字左傳曰光僞足疾此之詳即僞也或讀爲音僞非也豈詳僞重言耶使專諸置匕首魚炙之腹中徐廣曰炙一作炮○正義炙者夜反而進之既至王前專諸擘魚因以匕首刺王僚索隱曰刺音七賜反王僚立死左右亦殺專諸王人擾亂公子光出其伏甲以攻王僚之徒盡滅之遂自立爲王是爲闔閭闔閭乃封專

諸之子以爲上卿其後七十餘年而晉有豫讓之事 徐廣曰闔閭元年至三晉滅智伯六十二年豫讓一作襄

豫讓者晉人也 索隱曰案此傳所說皆約戰國策文 故嘗事范中行氏而無所知名 索隱曰案左傳范氏謂昭子吉射也自士會食邑於范因爲范氏中行氏中行文子荀寅也自荀林父將中行後因以官爲氏 去而事智伯 索隱曰案智伯襄子荀瑤也襄子林父弟荀首之後范中行智伯事已具趙系家 智伯甚尊寵之及智伯伐趙襄子趙襄子與韓魏合謀滅智伯滅智伯之後而三分其地趙襄子最怨智伯 索隱曰謂初以酒灌後又率韓魏水灌晉陽城不沒者三板故怨深也 漆其頭以爲飲器 索隱曰案大宛傳曰匈奴破月支王以其頭爲飲器裴氏注彼引韋昭云飲器椑榼也晉灼曰飲器虎子也皆非椑榼所以盛酒耳非用飲者晉氏以爲褻器者以韓子呂氏春秋並云襄子漆智伯頭爲溲杯故也○正義曰劉云酒器也每賓會設之示恨深也按諸先儒說恐非 豫讓遁逃山中曰嗟乎士爲知己者死女爲說己者容今智伯知我我必爲報讎而死以報智伯則吾魂魄不愧矣乃變名姓爲刑人入宮塗廁中挾匕首欲以刺襄子襄子如廁心動執問塗廁之刑人則豫讓內持刀兵曰欲爲智伯報仇左右欲誅之襄子曰彼義人也吾謹避之耳且智伯亡無後而其臣欲爲報仇此天下之賢人也卒釋去之 索隱曰卒音足律反 居頃之豫讓又漆身爲厲 音賴○索隱曰賴惡瘡病也凡漆有毒近之多患瘡腫若賴病然故豫讓以漆塗身令其若癩耳然厲賴

聲相近古多假厲爲賴今之癩字從疒故楚有賴鄉亦作厲字也戰國策亦作厲吞炭爲啞索隱曰啞音烏雅反謂瘖病戰國策云漆身爲厲滅鬚去眉以變其容爲乞食人其妻曰狀皃不似吾夫何其音之甚相類也豫遂吞炭以變其音也使形狀不可知行乞於市其妻不識
也行見其友其友識之曰汝非豫讓邪曰我是
也其友爲泣曰以子之才委質而臣事襄子襄
子必近幸子近幸子乃爲所欲顧不易邪索隱曰以欲謂因得殺襄子顧反也邪不定之辭反不易耶言其易也何乃殘身苦形欲以求
報襄子不亦難乎豫讓曰既已委質臣事人而
求殺之是懷二心以事其君也且吾所爲者極
難耳索隱曰劉氏云謂令爲厲啞也然所以爲此者將以愧天下

後世之爲人臣懷二心以事其君者也索隱曰言當爲厲而自刑不可求事襄子而行殺則恐傷人臣之義而近賊非忠也既去頃之襄子當出
豫讓伏於所當過之橋下正義曰汾橋下架水在并州晉陽縣東一里襄
子至橋馬驚襄子曰此必是豫讓也使人問之
果豫讓也於是襄子乃數豫讓曰子不嘗事范
中行氏乎智伯盡滅之而子不爲報讎而反委
質臣於智伯智伯亦已死矣而子獨何以爲之
報讎之深也豫讓曰臣事范中行氏范中行氏
皆衆人遇我我故衆人報之至於智伯國士遇
我我故國士報之襄子喟然歎息而泣曰嗟乎

豫子子之爲智伯名既成矣而寡人赦子亦已足矣子其自爲計寡人不復釋子使兵圍之豫讓曰臣聞明主不掩人之美而忠臣有死名之義前君已寬赦臣天下莫不稱君之賢今日之事臣固伏誅然願請君之衣而擊之焉以致報讎之意則雖死不恨非所敢望也敢布腹心於是襄子大義之乃使使持衣與豫讓豫讓拔劍三躍而擊之索隱曰戰國策云衣盡出血襄子迴車車輪未周而亡此不言衣出血者太史公恐涉怪妄故略之耳曰吾可以下報智伯矣遂伏劍自殺死之日趙國志士聞之皆爲涕泣其後四十餘年

而軹有聶政之事自三晉滅智伯至殺俠累五十七年

聶政者軹深井里人也索隱曰地理志河內有軹縣深井軹縣之里名也。正義曰在懷州濟源縣南三十里殺人避仇與母姊如齊以屠爲事久之濮陽嚴仲子事韓哀侯索隱曰高誘曰嚴遂字仲子案表聶政殺俠累在列侯三年列侯生文侯文侯生哀侯凡更三代哀侯六年爲韓嚴所殺今言仲子事哀侯恐非其實且太史公聞疑傳疑信傳信事難的據欲使兩存故表傳各異也與韓相俠累有郤索隱曰俠音古挾反累音力追反案戰國策俠累名傀也傀相韓嚴遂重於君二人相害也嚴遂舉韓傀之過韓傀叱之於朝嚴遂拔劍趨之以救解是有郤之由也嚴仲子恐誅亡去游求人可以報俠累者至齊齊人或言聶政勇敢士也避仇隱於屠者之間嚴仲子至門請數反然後具酒自暢徐廣曰一作賜○索隱曰案戰國策作觴近爲得也○正義曰數色吏反聶政母前酒酣嚴仲子奉黃金百溢前爲聶政母壽聶政驚怪其厚固謝嚴仲子嚴仲子固進而聶政謝曰臣幸有老母家貧客游以爲狗屠可以旦夕得甘毳此芮反○索隱曰鄒氏音脃二義相通也以養親親供養備不敢當仲子之賜嚴仲子辟人因爲聶政言曰臣有仇而行游諸侯衆矣然至齊竊聞足下義甚高故進百金者將用爲夫人麤糲之費正義曰糲猶麤米也脫粟也韋昭云古者名男子爲丈夫尊大嫗爲夫人漢書宣元六王傳王過夫人益誦爲夫人之嫗去按夫人憲王外祖母右詩云二日斷五疋夫人故言逢是得以交足下之驩豈敢以有求望邪聶政曰

臣所以降志辱身索隱曰言其心志與身本應高絜今乃卑下其志屈辱其身論語孔子謂柳下惠降志辱身是也居市井屠者徒幸以養老母老母在政身未敢以許人也索隱曰禮記云父母存不許友以死嚴仲子固讓聶政竟不肯受也然嚴仲子卒備賓主之禮而去久之聶政母死既已葬除服聶政曰嗟乎政乃市井之人正義曰古者相聚汲水有物便賣因成市故云市井鼓刀以屠而嚴仲子乃諸侯之卿相也不遠千里枉車騎而交臣臣之所以待之至淺鮮矣未有大功可以稱者而嚴仲子奉百金爲親壽我雖不受然是者徒深知政也夫賢者以感忿睚眦之意而親

信窮僻之人而政獨安得嘿然而已乎且前日要政政徒以老母今以天年終政將爲知己者用乃遂西至濮陽見嚴仲子曰前日所以不許仲子者徒以親在今不幸而母以天年終仲子所欲報仇者爲誰請得從事焉嚴仲子具告曰臣之仇韓相俠累俠累又韓君之季父也宗族盛多居處兵衛甚設臣欲使人刺之衆終莫能就今足下幸而不棄請益其車騎壯士可爲足下輔翼者聶政曰韓之與衛相去中間不甚遠（索隱曰高誘曰韓都潁川陽翟衛都東郡濮陽故曰相去不甚遠也）今殺人之相

相又國君之親此其勢不可以多人多人不能無生得失（索隱曰戰國策作無生情言所將人多或生異情故語泄此云生得言將人多往殺俠累後有被生擒而事泄亦兩俱通也）生得失則語泄語泄是韓舉國而與仲子爲讎（徐廣曰一作難○索隱曰戰國策誰熙周亦同）豈不殆哉遂謝車騎人徒聶政乃辭獨行杖劒至韓韓相俠累方坐府上持兵戟而衛侍者甚衆聶政直入上階刺殺俠累（徐廣曰韓列侯三年三月盜殺韓相俠累俠累名傀戰國策曰有東孟之會又云聶政刺韓傀傀兼中哀侯○索隱曰戰國策曰政直入上階刺韓傀傀走而抱哀侯聶政刺之兼中哀侯高誘云東孟地名也）左右大亂聶政大呼所擊殺者數十人因自皮面決眼（索隱曰皮面謂以刀刺其面皮欲令人不識決眼謂出其眼睛戰國策作抉眼此決亦通音烏穴反）

自屠出腸遂以死韓取聶政屍暴於市正義暴蒲酷反購問莫知誰子於是韓購縣之有能言殺相俠累者予千金久之莫知也政姊榮一作嫈○索隱曰榮其姊名也戰國策無榮字聞人有刺殺韓相者賊不得國不知其名姓暴其尸而縣之千金乃於邑曰索隱曰劉氏云煩寃愁苦也其是吾弟與嗟乎嚴仲子知吾弟立起如韓之市而死者果政也伏尸哭極哀曰是軹深井里所謂聶政者也市行者諸衆人皆曰此人暴虐吾國相王縣購其名姓千金夫人不聞與何敢來識之也榮應之曰聞之然政所以蒙污辱自

棄於市販之閒者爲老母幸無恙索隱曰爾雅云恙憂也楚詞云還及吾君之無恙風俗通云恙病也凡人相見及通書皆云無恙又易傳云上古之時草居露宿恙齧虫也善食人心俗悉患之故相勞云無恙恙非病也妾未嫁也親既以天年下世妾已嫁夫嚴仲子乃察舉吾弟困污之中索隱曰案察謂觀察有志行乃舉之劉氏云察猶選也而交之澤厚矣可奈何士固爲知己者死今乃以妾尚在之故重自刑以絶從徐廣曰恐其姊從坐而死○索隱曰重音持用反重猶復也爲人報讎死乃自以妾故復自刑其身令人不識也從音蹤古字少假借故無足旁而徐氏以爲從坐非也劉氏亦音足松反○正義曰重直龍反自刑作刋說文云刋剟也按重猶憂惜也本爲嚴仲子報仇訖愛惜其事不令漏泄以絶其蹤迹其姊妾云云爲己隱誤矣妾其奈何畏殁身之誅終滅賢弟之名大驚韓市人乃大呼

天者三卒於邑悲哀而死政之旁晉楚齊衛聞之皆曰非獨政能也乃其姊亦烈女也鄉使政誠知其姊無濡忍之志不重暴骸之難索隱曰濡潤也人性濕潤則能含忍故云濡忍若勇躁則必輕死也重難並如字重猶惜也言不惜暴骸之為難也必絶險千里以列其名姊弟俱僇於韓市者亦未必敢以身許嚴仲子也嚴仲子亦可謂知人能得士矣其後二百二十餘年秦有荊軻之事徐廣曰聶政至荊軻百七十年爾○索隱曰徐氏據六國年表而言則謂此傳率略而言二百餘年亦當時為不能細也○正義曰按年表從始皇二十三年至韓景侯三百七十年若至哀侯六年六百四十二年

荊軻者衛人也索隱曰案贊論稱公孫季功董生為余道之則此傳雖約戰國策而亦別記異聞其先乃齊人徙於衛衛人謂之慶卿索隱曰軻先齊人齊有慶氏則或本姓慶春秋慶封其後改姓賀此亦至衛而改姓慶爾荊慶聲相近故隨在國而異其號也卿者時人尊重之號猶如相尊美而稱子然也而之燕燕人謂之荊卿荊卿好讀書擊劍呂氏劍技曰持短入長倏忽從橫以術說衛元君衛元君不用其後秦伐魏置東郡徙衛元君之支屬於野王正義曰懷州河內縣荊軻嘗游過榆次正義并州縣也與蓋聶論劍索隱曰蓋音古臘反蓋姓聶名蓋聶怒而目之荊軻出人或言復召荊卿蓋聶曰曩者吾與論劍有不稱者吾目之試往是宜去不敢留使使往之主人荊卿則已駕而去榆次矣使者還報蓋聶曰固

去也吾曩者目攝之索隱曰攝猶整也謂不稱己意因怒視以攝整之也○正義曰攝猶視也荆軻游於邯鄲魯句踐與荆軻博爭道索隱曰魯姓句踐名也與越王同或有意義俗本踐作賤非也魯句踐怒而叱之荆軻嘿而逃去遂不復會荆軻既至燕愛燕之狗屠及善擊筑者高漸離索隱曰筑似琴有絃用竹擊之取以爲名漸音如字正義音子廉反荆軻嗜酒日與狗屠及高漸離飲於燕市酒酣以往高漸離擊筑荆軻和而歌於市中相樂也已而相泣旁若無人者荆軻雖游於酒人乎徐廣曰飲酒之人然其爲人沈深好書其所游諸侯盡與其賢豪長者相結其之燕燕之處士田光先生亦善

待之知其非庸人也居頃之會燕太子丹質秦亡歸燕燕太子丹者故嘗質於趙而秦王政生於趙其少時與丹驩及政立爲秦王而丹質於秦秦王之遇燕太子丹不善故丹怨而亡歸歸而求爲報秦王者國小力不能其後秦日出兵山東以伐齊楚三晉稍蠶食諸侯且至於燕燕君臣皆恐禍之至太子丹患之問其傅鞠武索隱曰鞠音麴又如字人姓名也武對曰秦地徧天下威脅韓魏趙氏北有甘泉谷口之固南有涇渭之沃擅巴漢之饒右隴蜀之山左關殽之險民衆而士厲兵

華有餘意有所出則長城之南易水以北正義曰以北謂燕國也未有所定也奈何以見陵之怨欲批其逆鱗哉批音白結反○索隱曰批謂觸擊之丹曰然則何由對曰請入圖之居有閒秦將樊於期得罪於秦王亡之燕太子受而舍之鞠武諫曰不可夫以秦王之暴而積怒於燕足為寒心索隱曰凡人寒甚則心戰恐懼亦戰今以懼譬寒言可為心戰又況聞樊將軍之所在乎是謂委肉當餓虎之蹊也禍必不振矣索隱曰振救也言禍大而不可救也雖有管晏不能謂之謀也願太子疾遣樊將軍入匈奴以滅口請西約三晉南連齊楚北購於單于索隱曰戰國策購作講講和也今讀購與為燕購同購合也漢史購講兩字常雜今言欲北與匈奴連和也陳軫傳亦曰西購於秦也其後迺可圖也太子曰太傅之計曠日彌久心惛然正義曰惛音昏恐不能須臾且非獨於此也夫樊將軍窮困於天下歸身於丹丹終不以迫於彊秦而棄所哀憐之交置之匈奴是固丹命卒之時也願太傅更慮之鞠武曰夫行危欲求安造禍而求福計淺而怨深連結一人之後交不顧國家之大害此謂資怨而助禍矣夫以鴻毛燎於爐炭之上必無事矣且以鵰鷙之秦行怨暴之怒豈足道哉燕有田光先生其為人智深而勇

沈可與謀太子曰願因太傅而得交於田先生可乎鞠武曰敬諾出見田先生道太子願圖國事於先生也田光曰敬奉教乃造焉太子逢迎却行為導跪而蔽席（徐廣曰蔽一作撥一作拔索隱曰蔽音疋結反蔽猶拂也）田光坐定左右無人太子避席而請曰燕秦不兩立願先生留意也田光曰臣聞騏驥盛壯之時一日而馳千里至其衰老駑馬先之今太子聞光盛壯之時不知臣精已消亡矣雖然光不敢以圖國事所善荊卿可使也（正義曰燕丹子云田光答曰竊觀太子客無可用者夏扶血勇之人怒而面赤宋意脉勇之人怒而面青武陽骨勇之人怒而面白光所知荊軻神勇之人怒而色不變）

太子曰願因先生得結交於荊卿可乎田光曰敬諾即起趨出太子送至門戒曰丹所報先生所言者國之大事也願先生勿泄也田光俛而笑曰諾（正義曰俛音俯）僂行見荊卿曰光與子相善燕國莫不知今太子聞光壯盛之時不知吾形已不逮也幸而教之曰燕秦不兩立願先生留意也光竊不自外言足下於太子也願足下過太子於宮荊軻曰謹奉教田光曰吾聞之長者為行不使人疑之今太子告光曰所言者國之大事也願先生勿泄是太子疑光也夫為行而使

人疑之非節俠也欲自殺以激荊卿曰願足下急過太子言光已死明不言也因遂自刎而死荊軻遂見太子言田光已死致光之言太子再拜而跪膝行流涕有頃而後言曰丹所以誡田先生毋言者欲以成大事之謀也今田先生以死明不言豈丹之心哉荊軻坐定太子避席頓首曰田先生不知丹之不肖使得至前敢有所道此天之所以哀燕而不棄其孤也[索隱曰案無父稱孤時燕王尚在而丹稱孤者或記者失辭或諸侯嫡子時亦僭稱孤也又劉向云丹燕王喜之太子]今秦有貪利之心而欲不可足也非盡天下之地臣海內

之王者其意不厭今秦已虜韓王盡納其地又舉兵南伐楚北臨趙王翦將數十萬之衆距漳鄴而李信出太原雲中趙不能支秦必入臣入臣則禍至燕燕小弱數困於兵今計舉國不足以當秦諸侯服秦莫敢合從丹之私計愚以為誠得天下之勇士使於秦闚以重利[索隱曰闚視也言以利誘之也]秦王貪[索隱曰絕句]其勢必得所願矣誠得劫秦王使悉反諸侯侵地若曹沫之與齊桓公則大善矣則不可因而刺殺之彼秦大將擅兵於外而內有亂則君臣相疑以其閒諸侯得合從

其破秦必矣此丹之上願而不知所委命唯荊
卿留意焉久之荊軻曰此國之大事也臣駑下
恐不足任使太子前頓首固請毋讓然後許諾
於是尊荊卿為上卿舍上舍太子日造門下供
太牢具異物間進車騎美女恣荊軻所欲以順
適其意（索隱曰燕丹子曰軻與太子遊東宮池軻拾瓦投龜太子捧金丸進之又共乘千里馬軻曰馬肝美即殺馬進肝太子與樊將軍置酒於華陽臺出美人能鼓琴軻曰好手也斷以玉盤盛之軻曰太子遇軻甚厚是也）久
之荊軻未有行意秦將王翦破趙虜趙王盡收
入其地進兵北略地至燕南界太子丹恐懼乃
請荊軻曰秦兵旦暮渡易水則雖欲長侍足下

豈可得哉荊軻曰微太子言臣願謁之今行而
毋信則秦未可親也夫樊將軍秦王購之金千
斤邑萬家誠得樊將軍首與燕督亢之地圖（徐廣曰方城縣有督亢亭駰案劉向別錄曰督亢膏腴之地○索隱曰地理志廣陽國有薊縣司馬彪郡國志曰薊縣方城有督亢亭徐說是也○正義曰督亢坡在幽州范陽縣東南十里今固安縣南有督亢陌幽州南界）奉獻秦
王秦王必說見臣臣乃得有以報太子曰樊將
軍窮困來歸丹丹不忍以己之私而傷長者之
意願足下更慮之荊軻知太子不忍乃遂私見
樊於期曰秦之遇將軍可謂深矣父母宗族皆
為戮沒今聞購將軍首金千斤邑萬家將奈何

於期仰天太息流涕曰於期每念之常痛於骨髓顧計不知所出耳荆軻曰今有一言可以解燕國之患報將軍之仇者何如於期乃前曰爲之奈何荆軻曰願得將軍之首以獻秦王秦王必喜而見臣臣左手把其袖右手揕其匈徐廣曰揕音張鴆切一作抗○索隱曰揕謂以劍刺其胷也抗音苦浪反言抗拒也其義非然則將軍之仇報而燕見陵之愧除矣將軍豈有意乎樊於期偏袒搤捥而進徐廣曰捥一作捾○索隱曰搤音烏革反捥音烏亂反字書作𢯷掌後曰捥勇者奮厲必先以左手扼右捥也曰此臣之日夜切齒腐心也索隱曰切齒齒相磨切也爾雅曰治骨曰切腐音輔腐亦爛也猶今人事不可忍云腐爛然皆日奮怒之意乃今得聞

教遂自剄太子聞之馳往伏屍而哭極哀既已不可奈何乃遂盛樊於期首函封之於是太子豫求天下之利匕首得趙人徐夫人匕首徐廣曰徐一作陳○索隱曰徐姓夫人名謂男子也取之百金使工以藥焠之索隱曰焠染也音忽潰反謂以毒藥染劍鍔也以試人血濡縷人無不立死者言以匕首試人人血出足以沾濡絲縷便立死也乃裝爲遣荆卿燕國有勇士秦舞陽年十三殺人人不敢忤視索隱曰忤者逆也音五故反不敢逆視言人畏之甚也乃令秦舞陽爲副荆軻有所待欲與俱其人居遠未來而爲治行頃之未發太子遲之疑其改悔乃復請曰日已盡矣荆卿豈有意

哉丹請得先遣秦舞陽荊軻怒叱太子曰何太子之遣往而不反者豎子也且提一匕首入不測之彊秦僕所以留者待吾客與俱今太子遲之請辭決矣遂發太子及賓客知其事者皆白衣冠以送之至易水之上既祖取道（正義曰易州在幽州歸義縣界）高漸離擊筑荊軻和而歌爲變徵之聲（正義曰徵知雉反）士皆垂淚涕泣又前而歌曰風蕭蕭兮易水寒壯士一去兮不復還復爲羽聲忼慨士皆瞋目髮盡上指冠於是荊軻就車而去終已不顧遂至秦持千金之資幣物厚遺秦王寵臣中庶子蒙嘉嘉爲先言於秦王曰燕王誠振怖大王之威不敢舉兵以逆軍吏願舉國爲內臣比諸侯之列給貢職如郡縣而得奉守先王之宗廟恐懼不敢自陳謹斬樊於期之頭及獻燕督亢之地圖函封燕王拜送于庭使使以聞大王唯大王命之秦王聞之大喜乃朝服設九賓（正義曰劉云設文物大備即謂九賓不得以周禮九賓義爲釋）見燕使者咸陽宮（正義曰三輔黃圖云秦始兼天下都咸陽因北陵營宮殿制紫宮象帝居渭水貫都以象天漢橫橋南度以法牽牛也）荊軻奉樊於期頭函而秦舞陽奉地圖匣以次進（索隱曰匣音戶甲反匣亦函也）至陛秦舞陽色變振恐羣臣怪之荊

軻顧笑舞陽前謝曰北蕃蠻夷之鄙人未嘗見天子故振慴願大王少假借之使得畢使於前秦王謂軻曰取舞陽所持地圖軻既取圖奏之秦王發圖圖窮而匕首見因左手把秦王之袖而右手持匕首揕之未至身秦王驚自引而起袖絕拔劍劍長操其室索隱曰室謂鞘也○正義曰燕丹子云左手揕其胷秦王曰今日之事從子計耳乞聽琴而死召姬人鼓琴琴聲曰羅縠單衣可裂而絕八尺屏風可超而越鹿盧之劍可負而拔王於是奮袖超屏風走之時惶急劍堅故不可立拔荊軻逐秦王秦王環柱而走羣臣皆愕卒起不意盡失其度而秦法羣臣侍殿上者不得持尺寸之兵諸

郎中執兵皆陳殿下索隱曰諸郎中若今宿衛之官非有詔召不得上方急時不及召下兵以故荊軻乃逐秦王而卒惶急無以擊軻而以手共搏之是時侍醫夏無且索隱曰且音即餘反以其所奉藥囊提荊軻也正義曰提姪帝反秦王方環柱走卒惶急不知所為左右乃曰王負劍索隱曰王劭曰古者帶劍上長拔之不出室欲王推之於背令前短易拔故云王負劍負劍遂拔以擊荊軻斷其左股荊軻廢乃引其匕首以擿秦王索隱曰擿與擲同古字耳音持益反不中中銅柱正義曰燕丹太子云荊軻拔匕首擲秦王決耳入銅柱火出秦王復擊軻軻被八創軻自知事不就倚柱而笑箕倨以罵曰事所以不成者